体育新闻传播教材

媒介发展与运动员形象塑造
理论与实践

赵琳琳　宋巍　顾伟　著

中国国际广播出版社

图书在版编目（CIP）数据

媒介发展与运动员形象塑造：理论与实践 / 赵琳琳，宋巍，顾伟著. --北京：中国国际广播出版社，2025.6.
ISBN 978-7-5078-5554-8
Ⅰ.G803
中国国家版本馆CIP数据核字第20255CT117号

媒介发展与运动员形象塑造：理论与实践

著　　者	赵琳琳　宋巍　顾伟
责任编辑	张晓梅
校　　对	张娜
版式设计	邢秀娟
封面设计	赵冰波

出版发行	中国国际广播出版社有限公司 ［010-89508207（传真）］
社　　址	北京市丰台区榴乡路88号石榴中心1号楼2001 邮编：100079
印　　刷	北京启航东方印刷有限公司

开　　本	710×1000　1/16
字　　数	180千字
印　　张	11
版　　次	2025年6月　北京第一版
印　　次	2025年6月　第一次印刷
定　　价	49.00元

版权所有　　盗版必究

前　言

2024年巴黎奥运会上，21岁的中国网球选手郑钦文在罗兰·加洛斯球场，以2:0战胜克罗地亚队选手维基奇摘得金牌，成为首位获得奥运会网球女单冠军的亚洲球员。赛后她在采访中表示："这个胜利对我来说无可比拟，独一无二。对我和我的家人来说，奥运会其实一直都是比大满贯更重要的存在。在我们心中，国家的荣誉永远是要超过个人的。"这一真实表达彰显了她的价值立场，在多平台的迅速传播中有效引发公众共鸣，提升了其正面形象的社会认同度。在社交媒体快速发展的时代，运动员的形象传播早已超越赛场范畴，成为引导社会价值、弘扬民族精神的重要力量。正是在这样的背景下，《媒介发展与运动员形象塑造：理论与实践》应运而生。

本书立足于人工智能与媒介环境深度变革的时代语境，系统回应体育传播实践中媒介认知、形象规划与持续维护的核心问题，助力学习者在复杂多元的媒介场域中实施有效行动。教材共分为三大模块。第一部分回溯媒介技术的发展历程，阐明AI等新兴技术如何重构体育传播格局；第二部分聚焦核心价值观、社会情境与个性要素、多模态故事建构，揭示媒介形象的构建逻辑；第三部分引入危机传播理论，结合真实案例剖析运动员舆情应对的策略。

理论－案例－工具三位一体的教学方式是本书的最大特色。在品牌传播、形象管理等理论框架的支撑下，辅以体育明星、企业品牌等多元案例，结合AIGC生成内容的实用操作指导，为学习者提供一个跨学科、跨场景的媒介素养提升路径。教材由三位具有高度互补背景的作者联合撰写：赵琳琳拥有20余年影像塑造媒介形象的实践经验，采访过数十位奥运冠军、世界冠军，制作近20部知名运动员人物纪录片；宋巍长期从事高校体育公共关系教学和研究，深谙媒介素养提升的系统路径；顾伟外交官出身，具有10多年公关及媒体从业经验，在整体公关战略规划、体系建设、品牌推广、体育事件营销和媒体关系、危机管理等方面均拥有坚实的实操能力。无论您是运动员、经纪团队负责人、高校传播专业的教师与学生、体育管理机构的管理者还是自媒体从业者，本教材都将为您提供一套科学系统的学习工具，助您在AI与媒介融合的新浪潮中把握技术先机，讲好运动员故事，塑造可持续传播的公众形象。

未来的体育传播，不仅是竞技的较量，而且是表达力、讲述力与技术力的融合演绎。我们诚挚希望，本书能成为新时代体育传媒人才的启蒙读本与实战手册。

赵琳琳　宋巍　顾伟

2025年1月

于北京市海淀区信息路48号

目　录

第一章　认识媒介 / 001

第一节　媒介概述 / 001

一、媒介的含义 / 001

二、媒介的多重视角 / 002

第二节　媒介的类型与特性 / 004

一、按照物理形态划分 / 004

二、按照传播方式划分 / 008

三、按照传播功能划分 / 011

四、按照技术特征划分 / 016

五、按照受众覆盖范围划分 / 020

第二章　媒介发展历程与技术演化 / 024

第一节　媒介的发展 / 024

一、口头传播阶段 / 024

二、文字传播阶段 / 024

三、印刷传播阶段 / 025

四、大众媒介传播阶段 / 026

　　　　五、网络与数字传播阶段 / 026

　　　　六、智能媒介传播阶段 / 027

　　第二节　媒介技术的演化 / 028

　　　　一、印刷技术的演化 / 028

　　　　二、广播和电视技术的革新 / 029

　　　　三、计算机与网络技术的兴起 / 030

　　　　四、移动互联网和智能设备的普及 / 031

　　　　五、人工智能发展 / 032

第三章　媒介与社会 / 033

　　第一节　媒介对社会的影响 / 033

　　　　一、政治参与与民主进程 / 033

　　　　二、经济影响与产业发展 / 034

　　　　三、文化塑造与传播 / 035

　　　　四、社会认知与价值观的塑造 / 036

　　第二节　社会对媒介的影响 / 036

　　　　一、制度与媒介发展 / 037

　　　　二、技术与媒介创新 / 037

　　　　三、经济体制对媒介的影响 / 039

　　　　四、文化背景与媒介形式 / 040

　　第三节　媒介伦理与社会责任 / 041

　　　　一、新闻真实性与信息透明 / 041

　　　　二、隐私保护与数据安全 / 042

　　　　三、公正与多元化表达 / 042

第四节　媒介与社会发展的互动 / 043

　　一、媒介作为社会变革的催化剂 / 043

　　二、媒介适应社会需求的演化 / 043

　　三、媒介与社会的双向调适 / 044

第四章　媒介的未来与新趋势 / 045

第一节　技术驱动的媒介变革 / 045

　　一、人工智能与媒介内容生产 / 045

　　二、虚拟现实与增强现实的沉浸式媒介体验 / 047

　　三、5G与物联网的无缝连接 / 049

第二节　新兴媒介形式与内容消费变迁 / 053

　　一、短视频与互动视频的崛起 / 053

　　二、播客与音频媒介的多元化发展 / 054

　　三、社交媒体平台的进化 / 054

第三节　元宇宙 / 056

　　一、元宇宙的概述 / 057

　　二、元宇宙在媒介领域的应用 / 059

　　三、元宇宙带来的机遇与挑战 / 061

第五章　媒介形象与传播路径 / 065

第一节　媒介形象的内涵 / 065

　　一、媒介形象 / 065

　　二、媒介形象的特征 / 066

第二节　媒介形象的传播路径 / 068

　　一、主流媒体的形象传播模式 / 068

二、社交媒体的二次传播与大众参与 / 069

　　三、短视频平台与自媒体对形象塑造的重构 / 070

第六章　运动员媒介形象建构的要素 / 072

　第一节　核心价值观和延伸价值观 / 073

　　一、价值观和核心价值观的概念 / 073

　　二、价值观的维度 / 075

　　三、延伸价值观 / 079

　　四、优秀体育品牌核心价值观分析 / 081

　　五、优秀运动员核心价值观和延伸价值观分析 / 082

　第二节　社会情境 / 087

　　一、中国体育事业发展的社会情境变迁 / 088

　　二、社会情境内涵及功能 / 092

　第三节　目标受众 / 093

　　一、目标受众的概念 / 093

　　二、目标受众的需求 / 093

　第四节　个性 / 095

　　一、个性的概念 / 095

　　二、大五人格模型 / 096

　第五节　功能利益和情感利益 / 101

　　一、功能利益和情感利益的概念 / 101

　　二、情感利益的说服价值 / 103

　第六节　感官识别 / 104

　第七节　事实 / 105

　　一、定量事实支持：证明运动员的成就与实力 / 106

二、定性事实支持：讲述运动员的故事与经历 / 107

　第八节　故事世界 / 108

　　一、故事和故事世界 / 108

　　二、媒介塑造故事世界策略 / 109

　　三、跨媒介叙事 / 140

第七章　舆情管理及应对策略 / 148

　第一节　体育舆情的主要特征及常见类型 / 149

　　一、体育舆情的主要特征 / 149

　　二、体育舆情事件的主要类型及解析 / 150

　　三、当前运动体育舆情风险呈现"缺、变、难"三大特点 / 154

　第二节　舆情应对策略 / 155

　　一、掌握危机管理4R理论，快速构建独立体育舆情事件的处置闭环 / 156

　　二、坚持"法、理、情"铁三角定律 / 156

　　三、坚持"三大认知"，构建长效舆情事件应对能力 / 157

　　四、七大模块全链路舆情管理体系 / 158

　　五、危机流程处理阶段划分 / 159

　第三节　展望：人工智能时代舆情防控措施的AI化应用 / 162

　　一、建立健全的舆情管理体系 / 162

　　二、加强运动员形象塑造和管理 / 162

后记　回归本心，成就永恒 / 164

第一章 认识媒介

第一节 媒介概述

一、媒介的含义

媒介（media）是信息传播和交流的桥梁，承载着人类社会的沟通与表达需求。从广义上看，媒介是指用于传递信息的工具或渠道，作为信息的载体，推动信息在发送者和接收者之间的流动与共享。从狭义角度来看，媒介通常指大众传播工具，如报纸、广播、电视、互联网等，媒介形式不断演变。

不同学者对媒介的定义各有侧重。马歇尔·麦克卢汉（Marshall McLuhan）认为"媒介是人的延伸"，即每一种媒介都拓展了人类的感知和能力，强调媒介形式对人类感知和社会结构的深远影响。因此，他提出"媒介即讯息"的观点，认为媒介形式本身对社会文化的影响往往超过其所传递的内容。例如，广播延伸了听觉，电视扩展了视觉，这一观点聚焦于媒介形式对人类行为和社会结构的影响力。

哈罗德·伊尼斯（Harold Innis）将媒介划分为时间型和空间型媒介，前者如石碑和泥板，适于长久保存信息；后者如纸张和广播，便于广泛传播。他的研究关注媒介对权力结构及文明延续和扩展的作用。威尔伯·施拉姆（Wilbur

Schramm）则从传播学角度出发，强调媒介作为信息传递渠道的功能性，认为媒介的核心作用在于信息传播和促进社会交流。丹尼斯·麦奎尔（Denis McQuail）在传播理论中进一步指出，媒介不仅是信息传播的渠道，还是维系社会结构和文化的重要角色。

二、媒介的多重视角

媒介不仅是信息传递的工具，而且是深刻融入社会各个层面的力量，对政治、经济和文化等多方面产生影响。

（一）政治视角

从政治视角看，媒介与权力密不可分。媒介不仅是信息传播的工具，而且是影响政治权力分配和行使的关键因素。媒介可以塑造公众舆论、影响选举、推动社会运动，甚至在某些情况下成为控制和操纵公众意见的工具。

在传统媒体时代，报纸、广播和电视等媒介往往受到国家或大型资本的控制，主导了社会舆论的走向。例如，广播和电视常被政府用来传达政策、塑造国家形象，甚至在发生战争或政治危机时，成为政府的"宣传机器"。因此，控制媒介也意味着掌握了公众舆论的方向。

随着数字媒介的发展，尤其是社交媒体的普及，权力的分布更加复杂。一方面，社交媒体使普通民众能够通过网络发声，打破传统主流媒体对话语权的垄断，成为社会运动、抗议活动和政治行动的重要工具，社会运动借此实现广泛传播和动员。另一方面，社交媒体和数字平台也引发了对"信息操控"和"假新闻"等问题的担忧，算法推荐、信息过滤及平台的审查机制让信息传播更加复杂，公众舆论的操控与监督变得更加困难。

（二）技术视角

技术视角是理解媒介发展的关键基础。每一次媒介的变革都源于重要的技术创新。从早期的口头传播和手工抄写到印刷术的发明，再到今天的互联网与数字技术，技术的演进不仅革新了信息的传播方式，也深刻改变了社会的交流模式和知识获取的途径。

最早的媒介形式，如石刻、纸草文稿等，因其技术局限性，信息传播的速度和范围非常有限。随着印刷术的发明，信息的复制成本大幅度下降，知识得以广泛传播，推动了文艺复兴、宗教改革等历史进程。而后，广播和电视等电子媒介的出现，打破了时间和空间的限制，实现了即时性的大规模信息传递。这一技术革命使全球受众能够同步接收信息，全球化进程由此加速。

进入21世纪，数字技术和互联网带来了新一轮的媒介变革。互联网不仅融合了传统的文字、图像、声音和视频，还通过互动技术使信息传播更加复杂、多样。社交媒体、虚拟现实（VR）和人工智能（AI）等新兴技术的应用，使媒介传播更加个性化和实时化。从技术角度来看，我们得以更好地理解媒介的发展路径及其如何借助技术进步提升信息传播的效率和广度。

（三）社会视角

从社会视角看，媒介不仅是信息传递的工具，还是社会结构中的关键因素。媒介参与构建社会关系、群体认同及知识的生产和分配，它通过影响公众认知和社交行为深刻塑造着社会结构。

媒介的演变与社会变迁密切相关。印刷媒介的普及推动了大众教育的发展，知识不再是精英阶层的专利，普通民众也可以通过书籍、报纸等途径获取知识，从而改变社会中的权力结构。广播和电视的出现进一步改变了公众与信息的互动方式，成为20世纪塑造社会舆论的重要工具，政府、企业及社会运动也借此广泛传播信息、影响公众。

如今，互联网和社交媒体深刻地改变了社会互动方式。社交媒体的崛起打破了传统媒体的垄断，个体可以自由表达观点，与全球范围内的受众互动。这种去中心化的信息传播方式不仅重塑了人际交流，还深刻影响了社会运动的组织和传播。通过社交媒体，"草根阶层"能够迅速动员起来，广泛传播信息，形成"自下而上"的社会变革力量。由此，媒介从社会结构的边缘走向中心，成为影响社会互动、组织形式乃至社会治理的关键因素。

（四）文化视角

从文化视角看，媒介不仅是信息的传递工具，而且是文化的生产与再生产载体。它不仅传递信息，还承载着各种文化符号、价值观和社会规范。因此，媒介在不同的社会文化背景中展现出独特的文化属性和功能。

印刷媒介的出现，使得文化知识得以广泛传播和保存，推动了人类文化的积累和扩展。通过印刷书籍、杂志等形式，不同的文化传统、思想体系得以交流、传播，极大地丰富了人类的文化遗产。广播和电视等电子媒介，则进一步打破了文化的时空界限，影视剧、音乐等文化产品通过这些媒介形式跨越国界，成为全球共享的文化资源。

当今的数字媒介极大地推动了全球化进程中的文化传播与融合。互联网不仅让全球范围的文化交流更加便捷，还通过跨文化传播创造了新的文化形式和符号。尤其是在社交媒体平台上，这些平台不仅是文化传播的载体，还成为文化创作的舞台。用户通过这些平台自主生产内容，去中心化的文化生产方式使得文化创作更加多元化。

第二节 媒介的类型与特性

媒介的发展历史悠久，在不同的社会阶段和技术背景下呈现出多样化的形态。了解媒介的演变过程，可以从物理形态、传播方式、功能、技术特征等多个角度，分析媒介的不同类型及其划分方式，以便更清晰地理解媒介的演变过程。

一、按照物理形态划分

按照物理形态划分，媒介可以分为实物媒介和虚拟媒介。

（一）实物媒介

实物媒介是指以物理形态存在的媒介，通常具有具体的、可触摸的形式。这类媒介包括传统的印刷媒介和音视频媒介，通常依赖物质材料进行信息的存储和传播。

1. 代表性媒介

（1）印刷媒介

书籍：作为最古老的信息传播载体之一，书籍通过纸张承载文字、图片等信息，广泛用于知识传播和文化传承。

报纸和杂志：这些定期出版的印刷物通过文字和图片向公众传递新闻、时事、观点等信息，影响公众舆论和社会观念。

宣传单和海报：通常用于商业宣传或社会活动的信息传播，具有鲜明的视觉效果，吸引人们的注意。

（2）音频媒介

磁带：在数字媒体普及之前，磁带是音乐和语音记录的重要媒介，虽然现在使用较少，但仍在某些领域（如复古音乐收藏）保留使用。

唱片和CD：这些物理载体用于存储音乐和音频信息，用户通过播放设备享受音乐等内容。

（3）视频媒介

录像带：早期的家庭录像和电影播放媒介，虽然随着数字化时代的到来而逐渐被淘汰，但其仍具有收藏和历史价值。

DVD（高密度数字视频光盘）：用于存储高质量的视频内容，用户可以通过播放器观看电影、电视剧等。

2. 媒介的功能特性

可触性：实物媒介具有实体形态，用户可以直接接触和操作，这种触感增强了用户对媒介内容的记忆和理解。

持久性：实物媒介能够长期保存，便于存档和查阅，为历史和文化的传承提供了重要的物质基础。

局限性：实物媒介依赖物理材料，传播范围和便携性受到限制，通常难以像数字媒介那样实现快速传播。

3. 媒介的影响

实物媒介在历史上对信息传播和文化发展起到了重要作用。它们为知识的积累和传播提供了基础，促进了人类文明的进步。然而在信息化时代，实物媒介面临着数字化媒介的激烈竞争，其使用逐渐减少；但在特定场合和领域（如书籍阅读、艺术收藏），其仍然保持独特的价值。

（二）虚拟媒介

虚拟媒介是指以数字形式存在的媒介，通常依赖网络和电子设备进行信息的存储和传播。这类媒介包括互联网内容、应用程序和数字平台，具有高度的便捷性和互动性。

1. 代表性媒介

（1）在线媒体

新闻网站：如新华网、中国新闻网等，提供及时的新闻报道和深度分析，用户可以随时随地访问和分享信息。

博客和个人网站：个人和组织通过博客等平台分享观点、经验和知识，形成多样化的信息来源。

（2）社交媒体

小红书、视频号、Instagram（照片墙）：这些平台允许用户分享文本、图片、视频等多种形式的内容，并与他人互动形成信息的快速传播和讨论。

（3）视频和音频流媒体

抖音、快手、YouTube（油管）、Netflix（奈飞）：这些平台提供视频和音频内容的在线流媒体服务，用户可以随时观看和收听各种娱乐、教育和新闻内容。

（4）移动应用

即时通信软件，如微信、WhatsApp（瓦次艾普）等，允许用户进行实时聊天和视频通话，打破了空间的限制，增强了人际交往的便捷性。

2. 媒介的功能特性

便捷性：虚拟媒介可以随时随地访问，只需连接互联网，用户便可获取信息，大幅提升信息传播的便利性。

互动性：用户不仅是信息的接收者，还是内容的创造者，能够参与讨论、分享和评论，增强社交和社区感。

速效性：信息能够通过网络迅速扩散，触达广泛的受众，具备强大的病毒式传播潜力。

3. 媒介的影响

虚拟媒介在现代社会中发挥着重要作用。它们打破了时间和空间的限制，改变了信息传播和人们交流的方式。虚拟媒介不仅为用户提供丰富的信息来源，还促进了社交互动和文化交流。尽管虚拟媒介的使用带来了信息过载和虚假信息等挑战，但在提升公众意识、推动社会变革和加速全球化方面的作用依然不可忽视。

（三）实物媒介与虚拟媒介的对比

实物媒介具有可触性和持久性，为知识的传承奠定了基础；而虚拟媒介则以其便捷性和互动性，彻底革新了信息传播方式和交流模式（见表1-1）。随着科技的进步和社会的发展，虚拟媒介的影响力持续增强，但实物媒介在特定场合和文化传承中依然发挥着重要作用。两者共同构成现代媒介生态，为人们提供了多元的信息传播与交流方式。

表 1-1　实物媒介与虚拟媒介的对比

特征	实物媒介	虚拟媒介
物理形态	以纸张、音频、视频光盘等具体形式存在	以数字形式存在，通过网络和电子设备访问
可触性	可触摸、可感知	虚拟存在，不具实体感
传播方式	依赖物理传输，如邮寄、配送等	通过网络实现快速传播，便捷高效
保存方式	物理存储，占用物理空间	数字存储，便于备份和管理
互动性	互动性较弱，通常为单向或有限的反馈	高度互动，用户可以实时反馈和参与内容创作

二、按照传播方式划分

按照传播方式划分，媒介可以分为单向传播媒介、双向传播媒介和多向传播媒介。

（一）单向传播媒介

单向传播媒介是指信息从发送者到接收者的传播过程中，信息的流动是单向的，缺乏互动和反馈。这类媒介通常适用于广泛传播信息或宣传。

1. 代表性媒介

报纸和杂志：这些传统的印刷媒介通过文章、广告等形式向读者传递信息，读者可以阅读和理解，但无法直接与作者或媒体互动。

广播：无线电广播是典型的单向传播媒介。广播电台通过电波向公众播放节目，听众只能被动接收信息，无法直接反馈。

电视：电视节目同样属于单向传播媒介，观众收看电视时只能接收信息，不能主动与节目互动。

2. 媒介的功能特性

广泛性：单向传播媒介能够同时向大量受众传播信息，适合于传播新闻、广告和公共信息。

控制性：信息发送者能够控制信息内容和传播方式，确保传播的准确性和一致性。

单向性：由于缺乏双向互动，单向传播媒介的信息反馈机制较弱，发送者难以了解受众的真实反应和需求。

3. 媒介的影响

单向传播媒介在信息传播早期阶段发挥了重要作用。它们为社会提供了必要的信息来源，并在教育、娱乐和宣传中起到了不可或缺的作用。然而，这种传播方式也限制了公众的参与感和反馈渠道，使信息接收者缺乏主动性。

（二）双向传播媒介

双向传播媒介是指信息在发送者和接收者之间双向流动，受众能够对信息进行互动和反馈。这类媒介强调用户参与和互动，适用于沟通、交流和互动。

1. 代表性媒介

电话：电话是典型的双向传播媒介，通话双方可以实时交流，彼此之间可以进行信息反馈。

电子邮件：电子邮件允许发件人和收件人之间进行信息的双向交流，用户可以随时回复或转发信息。

即时通信软件：如微信、QQ等，用户可以实时发送消息，进行语音和视频通话，增强了沟通的互动性。

2. 媒介的功能特性

互动性：双向传播媒介允许用户互动，使信息在发送者和接收者之间循环流动，增强了沟通的双向性。

即时反馈：用户能够及时对接收到的信息做出反馈，这样可以帮助发送者调整信息内容和传播策略。

个性化：由于用户能够选择关注的信息内容，双向传播媒介能够提供更个性化的交流体验。

3. 媒介的影响

双向传播媒介增强了个人之间的沟通和互动，提升了信息交流的效率和质量。在商业、教育和社会交往中，双向传播媒介促进了人与人之间的联系和合作，使信息传递更具针对性和互动性。

（三）多向传播媒介

多向传播媒介是指信息可以在多个发送者和接收者之间自由流动，形成一个开放的传播网络。这类媒介注重信息的共享和协作，适合于社交互动和社区交流。

1. 代表性媒介

论坛和博客：这些平台允许用户创建内容并与他人讨论，形成一个信息共享和交流的社区。

社交媒体：如抖音、快手、小红书等，用户不仅可以接收信息，还可以发布内容，与他人互动，形成信息的多向流动。

2. 媒介的功能特性

共享性：多向传播媒介允许用户分享和传播信息，形成多维的交流网络，增强了信息的传播力度和广度。

参与性：用户可以积极参与内容创作和讨论，形成一个共享知识和经验的社区。

实时反馈：由于信息的快速传播和互动，用户能够及时得到反馈和回应，增强了信息的互动性和透明度。

3. 媒介的影响

多向传播媒介在现代社会中具有重要意义。它们突破了传统的信息传播模式，鼓励用户参与、分享和创造内容，推动了社交互动和信息多元化发展。多向传播媒介为社会运动、公共议题和文化交流提供了重要的平台，使得每个用户都可以成为信息的创造者和传播者。

（四）单向传播媒介、双向传播媒介与多向传播媒介的对比

这些媒介在信息传播的过程中扮演着不同的角色，满足了社会在不同情境下的交流需求。单向传播媒介主要用于信息的广泛传播，缺乏互动；双向传播媒介允许用户之间的沟通和反馈，增强了交流的有效性；而多向传播媒介则强调信息的共享和互动，促进了用户之间的合作与参与（见表1-2）。随着科技的发展和社交媒体的兴起，多向传播媒介正日益成为现代信息传播的主流形式。

表1-2　单向传播媒介、双向传播媒介与多向传播媒介对比

特征	单向传播媒介	双向传播媒介	多向传播媒介
信息流动方式	信息从发送者单向流向接收者	信息在发送者和接收者之间双向流动	信息在多个发送者和接收者之间自由流动
互动性	缺乏互动	具备互动性	高度互动，用户之间形成社区
反馈机制	反馈机制较弱	具备反馈机制	实时反馈，增强信息透明度
代表性媒介	广播、电视、报纸	电话、电子邮件、即时通信软件	论坛、社交媒体
信息传播范围	大范围传播	相对集中，受众为特定群体	灵活多样，信息可以快速传播给更广泛的受众

三、按照传播功能划分

按照传播功能划分，媒介可以分为信息媒介、教育媒介、娱乐媒介、广告媒介和社交媒介。

(一)信息媒介

信息媒介主要用于传递事实、数据和时事信息,帮助受众获取和理解当前的世界动态。信息媒介的核心功能是提供及时、准确和可靠的信息,其通常以新闻、报告、公告等形式呈现。

1. 代表性媒介

新闻媒体:报纸、电视新闻、新闻网站是典型的信息媒介。它们提供国内外新闻报道,涵盖政治、经济、科技、文化等多个领域,帮助公众了解时事动态。

期刊:学术期刊通常提供深入的分析和研究报告,帮助特定领域的专业人士获取最新的研究成果和行业信息。

社交媒体平台:它们在快速传播信息方面发挥了重要作用,用户可以实时分享和获取信息。

2. 媒介的功能特性

及时性:信息媒介的首要特点是快速、实时地传播信息,以满足公众对新闻的时效性需求。

客观性:信息媒介通常以客观的方式呈现事实,旨在提供真实、准确的信息,帮助受众做出理性判断。

多样性:信息媒介覆盖广泛,能够满足不同受众的需求,从本地新闻到国际事件,各种信息形式应有尽有。

3. 媒介的影响

信息媒介在民主社会中发挥着至关重要的作用,帮助公众了解政府和社会事务,促进公民参与和社会监督。它们还承担着舆论引导的功能,能够影响公众对某些事件和议题的看法。

(二)教育媒介

教育媒介主要用于提供知识和技能培训,帮助受众获取教育信息和学习资源。教育媒介不仅包括传统的教育形式，还涵盖在线学习平台和各种教育资源。

1. 代表性媒介

教育类书籍和杂志：教材、参考书和专业教育期刊为学习提供了重要的知识来源。

在线学习平台：如国家中小学智慧教育平台、中国大学 MOOC（慕课）、学堂在线等，通过互联网提供各种课程，涵盖从基础教育到高等教育的各个层次。

教学协作平台：如雨课堂、在线论坛、学习管理系统等，支持学生间的交流协作与教师的在线指导。

2. 媒介的功能特性

知识传授：教育媒介的主要功能是传播知识和信息，帮助学生掌握学科内容。

学习支持：除了提供知识，教育媒介还提供学习支持，如辅导、讨论和互动，增强学习效果。

技能培训：教育媒介还承担着职业技能培训功能，帮助人们提升职业竞争力。

3. 媒介的影响

教育媒介在提高公众素质、推动社会发展方面发挥着重要作用。它们不仅提供知识，还促进个人成长和社会进步，使得更多人能够参与到社会经济活动中。

（三）娱乐媒介

娱乐媒介主要用于提供休闲和娱乐内容，满足受众的娱乐需求。娱乐媒介通过各种形式的内容，如影视、音乐、游戏等，为受众提供消遣和娱乐体验。

1. 代表性媒介

电视和电影：电视节目、电影、纪录片等是典型的娱乐媒介，涵盖了从剧情片、综艺节目到体育赛事的各类内容。

音乐平台：如网易云音乐等，提供海量音乐内容，让用户随时随地享受音乐。

电子游戏：电子游戏作为新兴的娱乐媒介，吸引了大量用户，提供互动性和沉浸式体验。

2. 媒介的功能特性

文化传播：娱乐媒介还承担着文化传播的功能，通过影视、音乐等形式传播各种文化和价值观。

休闲和放松：娱乐媒介的核心功能是帮助人们放松身心，缓解压力，提供愉悦的体验。

社交互动：许多娱乐媒介（如在线游戏、社交媒体）提供了社交互动的平台，用户可以通过这些媒介与他人分享体验和内容。

3. 媒介的影响

娱乐媒介在塑造公众文化和价值观方面具有重要作用。它们不仅反映了社会的文化潮流，还深刻影响了人们的生活方式和社会认知。通过娱乐媒介，受众能够获取文化认同，增强社会连接。

（四）广告媒介

广告媒介主要用于传播商业信息，推广产品和服务。广告媒介通过多种渠道向受众传递商业广告，以促使消费者做出购买决策。

1. 代表性媒介

印刷广告：如报纸、杂志、海报等，仍然是一些行业中重要的广告媒介，尤其是在本地市场。

电视广告：通过电视节目插播的广告是传统广告媒介的典型代表，覆盖广泛，能够迅速传播信息。

互联网广告：如社交媒体广告，根据用户兴趣和行为进行精准投放。

2. 媒介的功能特性

促销：广告媒介的主要功能是推广产品和服务，提高消费者的认知度和购买意愿。

市场导向：广告媒介通常针对特定的目标市场，依据受众的需求和喜好进行广告内容设计。

品牌塑造：通过广告传播，企业可以塑造品牌形象，提升品牌知名度。

3. 媒介的影响

广告媒介在现代商业中扮演着不可或缺的角色。它们不仅推动了经济的发展，还影响了消费者的购买行为和生活方式。通过广告，品牌和产品能够迅速进入公众视野，从而在激烈的市场竞争中占据一席之地。

（五）社交媒介

社交媒介主要用于促进个人之间的互动和沟通，帮助用户分享信息和建立社会联系。社交媒介的功能不限于信息传播，还包括社交、交流和互动。

1. 代表性媒介

即时通信应用：如微信、QQ等，通过文字、语音和视频进行实时沟通。

论坛和博客：这些平台允许用户发布和分享内容，与他人讨论和互动。

社交网络：如抖音、快手、小红书、微信视频号等，允许用户创建个人资料、发布内容、与朋友互动。

2. 媒介的功能特性

互动性：社交媒介的核心特点是促进用户之间的互动，用户可以随时发布内容、评论和分享，形成多向交流。

社区感：社交媒介能够根据共同兴趣、话题或地域，将用户聚集成社区，增强社会联系。

分享性：社交媒介不仅用于个人交流，也成为信息传播的重要渠道，用户可以快速分享新闻、观点和生活动态。

3. 媒介的影响

社交媒介在现代社会中极大地改变了人们的沟通方式和社交习惯。它们打破了时间和空间的限制，使人们能够随时随地与他人沟通。社交媒介还在信息传播、社会运动、舆论形成中发挥着重要作用，成为现代社会中不可或缺的交互平台。

综上，这些媒介在信息传播中扮演着不同的角色，满足了社会的多元化需求。信息媒介传递时事，教育媒介提供知识，娱乐媒介提供消遣服务，广告媒介促进商业发展，社交媒介促进互动。通过这些媒介，公众能够获取信息、参与学习、享受娱乐、进行消费和建立联系，推动社会的进步与发展。

四、按照技术特征划分

按照技术特征划分，媒介可分为模拟媒介和数字媒介。

（一）模拟媒介

模拟媒介是指利用连续变化的信号传递信息的媒介形式。这类媒介通常依赖物理载体，信号以电波、光波或声音的形式进行传播。早期的广播、电视、电话等都属于模拟媒介，它们在20世纪初期至中期主导了信息传播的主流形式。

1. 代表性媒介

广播：早期的无线电广播是典型的模拟媒介，通过调频（FM）或调幅（AM）电波传播声音信号。广播技术依靠模拟信号，能够将声音信息通过电磁波传输到接收设备。

模拟电视：电视在诞生之初是基于模拟信号进行传播，图像和声音通过电磁波传输。电视信号以连续波的形式传递影像，受限于频率和带宽，画质和音质相对有限。

胶片电影：传统的电影制作使用胶片作为媒介，影片的影像信息记录在连续变化的胶片帧上，播放时通过投影设备以模拟方式展示。胶片电影也是一种典型的模拟媒介。

2. 媒介的技术特征

连续信号：模拟媒介依赖连续的物理信号传递信息，如声波、电波等。声音、图像或数据通过不断变化的电信号进行传播。

易受干扰：由于模拟信号的连续性，模拟媒介容易受到外部干扰，如噪声、电磁波的干扰等。信号在传输过程中可能失真，尤其是距离较远时，音质和画质会明显下降。

带宽有限：模拟媒介的传输带宽相对有限，这意味着信息容量小，无法承载大量数据。无论是广播、电视还是电话，早期的传输技术都面临信息量有限的问题。

3. 媒介的影响

尽管技术上存在一些限制，模拟媒介在20世纪初期和中期发挥了至关重要的作用，它们是当时信息传播的主力军。广播和电视为大众带来了实时新闻和娱乐节目，胶片电影则成为视觉文化的主要载体。这类媒介为信息传播提供了广泛的平台，促进了文化、政治和经济的信息流动，奠定了现代媒介发展的基础。

（二）数字媒介

数字媒介是指通过数字技术和离散的信号传递信息的媒介形式。数字媒介使用二进制编码（0和1）来记录、处理和传输数据。随着计算机和互联网的普及，数字媒介逐渐取代了传统的模拟媒介，成为现代信息传播的主要形式。

1. 代表性媒介

互联网：互联网是最具代表性的数字媒介，信息通过数字信号在全球范围内传输。网页、电子邮件、社交媒体平台等都是依赖互联网的数字媒介，它们通过网络实现快速的信息交换和交互。

数字广播和电视：与早期的模拟广播和电视不同，数字广播（如 DAB 广播）和数字电视（如 DVB、HDTV）使用数字信号传输，能够提供更高质量的音频和视频，且支持更多的频道和互动功能。

流媒体：Netflix、YouTube、抖音等流媒体平台通过互联网提供数字化的影音内容，用户可以随时点播电影、电视剧、音乐等。流媒体平台也是典型的数字媒介，依赖高效的数据压缩和传输技术。

移动设备：智能手机、平板电脑等个人终端设备也是数字媒介的重要组成部分，它们能够通过应用程序获取、传递和处理大量信息，涵盖了从新闻、娱乐到社交互动的广泛功能。

2. 媒介的技术特征

使用离散信号：与模拟媒介的连续信号不同，数字媒介使用离散的二进制代码传递信息，数据在传输过程中更为精确，且易于储存和复制。

抗干扰性强：相较于模拟信号数字信号抗干扰能力更强，信息在传输过程中即使受到干扰，也能够通过编码技术进行修复，保持高质量的传输效果。

信息容量大：数字媒介能够承载巨量信息，如高质量的图像、音频、视频等。随着宽带技术的发展，信息传输速度越来越快，带宽越来越大，使得海量信息的即时传递成为可能。

互动性和个性化：数字媒介的互动性很强，用户不仅可以接收信息，还可以反馈、参与讨论，甚至生产内容。社交媒体、博客、视频网站等平台都强调用户参与，增强了信息传播的多向性和个性化。

3. 媒介的影响

数字媒介彻底改变了人类的信息传播方式，它不仅大幅提高了传播效率，还拓宽了传播的广度和深度。数字化带来了信息传播的全球化，使得信息在任何时间和地点都可以被即时访问和分享。数字媒介的互动性、即时性和个性化特点，使受众从被动的接收者转变为主动的参与者，极大丰富了信息内容的生产和消费模式。在教育、娱乐、商业和政治领域，数字媒介的应用无处不在。例如，在线教育平台使得学习资源更加普及，企业通过数字广告精准触达目标客户，政府通过社交媒体直接与公众对话。数字媒介不仅是信息传播的工具，而且是社会互动和文化生产的重要引擎。

（三）模拟媒介与数字媒介的对比

模拟媒介是早期信息传播的主要形式，依赖连续的物理信号传输信息，但由于受限于技术条件，而存在较大的局限性。随着数字技术的兴起，数字媒介逐渐取代了模拟媒介，成为主流的信息传播工具。数字媒介通过高效、精准的数字信号传递信息，具有更强的传播能力、抗干扰性和互动性，彻底改变了信息传播的模式和范围（见表1-3）。在现代社会，数字媒介正以其快速、广泛、互动性强的优势推动信息传播的进一步发展和变革。

表 1-3　模拟媒介与数字媒介的对比

特征	模拟媒介	数字媒介
信号形式	连续信号（如电波、光波、声波）	离散的二进制信号（0和1）
抗干扰性	易受外部干扰，信号质量易下降	抗干扰能力强，信号稳定
信息容量	带宽有限，信息传输量较小	带宽大，信息传输量巨大
互动性	互动性较弱，受众通常为被动接收者	互动性强，用户可以反馈、参与、生产内容
传播范围	通常依赖物理设备和传输介质，覆盖范围有限	通过互联网和数字网络，传播范围广泛，全球覆盖

续表

特征	模拟媒介	数字媒介
存储和复制	存储困难，复制信息时质量下降	易于存储和复制，质量保持不变
典型媒介	广播、模拟电视、胶片电影	互联网、数字电视、流媒体、移动应用、智能手机

五、按照受众覆盖范围划分

按照受众覆盖的范围划分，媒介可以分为全球性媒介、全国性媒介和地方性媒介。

（一）全球性媒介

全球性媒介指的是能够覆盖全球范围、面向国际受众的媒介。这类媒介通常通过卫星、互联网等全球性通信网络进行传播，受众遍布世界各地。全球性媒介的典型代表包括国际新闻机构、跨国媒体集团及全球性的数字平台。

1. 代表性媒介

全球新闻网络：如路透社、CNN（美国有线电视新闻网）、BBC（英国广播公司）等，这些新闻机构不仅面向本国受众，还提供全球新闻服务，涵盖政治、经济、文化、体育等领域的国际性报道。

全球卫星电视：通过卫星传输的电视信号，可以在多个国家和地区接收到，受众遍布全球。

全球社交网络：如Facebook（脸书）、YouTube、X（原Twitter）等，覆盖全球互联网用户，信息传播范围广泛，全球的个人、公司和组织都可以使用这些平台发布和获取信息，具有全球性影响力。

2. 媒介的特点

全球覆盖：全球性媒介通过互联网和卫星技术实现广泛传播，打破了地理和国界的限制。无论是新闻报道还是社交互动,全球受众都可以在同一时间访问相同的信息。

多语种传播:全球性媒介通常会提供多种语言服务,以适应不同国家和文化背景的受众。例如,英国广播公司世界新闻频道有多个语种的频道或网站,以更好地传播全球性信息。

议程设置和文化传播:全球性媒介对国际新闻议题的选择和报道方式,往往会影响全球范围内的公众舆论。这些媒介还通过传播影视、音乐、广告等形式,推动全球文化的融合和交流。

3. 媒介的影响

全球性媒介不仅是信息传播的载体,也是软实力和文化输出的重要工具。通过全球化的媒介,国家和跨国公司可以推广其价值观、文化和产品,从而影响世界各地的受众。在全球化背景下,全球性媒介在国际政治、经济和文化交流中的影响力不断增强。

(二)全国性媒介

全国性媒介覆盖整个国家范围内的受众,关注国内新闻与话题,主要服务于本国民众。它们提供本地语言的内容,报道多焦点在国内政策、经济、社会、文化等方面。

1. 代表性媒介

全国性报刊:如《人民日报》《光明日报》等,发行覆盖全国范围,报道全国性和国际性新闻。

国家电视台:如中央广播电视总台(CMG),覆盖全国,提供各种类型的节目,如新闻、娱乐、文化等。

全国广播电台:如中国之声,覆盖全国的广播电台,向全国受众传播新闻和娱乐内容。

大型门户网站:如新浪、搜狐等,通过互联网传播全国性的新闻和信息,面向全国网民。

2. 媒介的特点

内容聚焦：全国性媒介的内容主要围绕本国的政治、经济、文化和社会议题，报道和分析通常更深入，更贴近全国受众的关切。

文化和语言的统一性：区域媒介的受众通常共享某种文化背景或语言，因此媒介的传播语言和内容设计往往更符合该区域的文化习惯和信息需求。

影响力大：这些媒介在全国范围内拥有较强的影响力，具有权威性，能够有效引导公共舆论、政策讨论和社会议程。

3. 媒介的影响

全国性媒介在塑造舆论、促进社会整合、监督公共事务等方面具有重要影响。首先，它能通过广泛的新闻报道引导舆论，影响公众对国家政策和社会事件的认知与态度。其次，全国性媒介传播主流价值观，增强不同地区和文化间的认同感，促进社会团结。再次，它还发挥"第四权力"的作用，通过揭露问题和监督政府行为，推动社会公正、透明。最后，全国性媒介普及知识、传播信息，在重大事件中引导民众应对危机，并能影响市场消费趋势，对经济和社会变革起到推动作用。

（三）地方性媒介

地方性媒介指的是覆盖特定城市、社区的媒介，如地方电视台、社区报纸、地方性网站等。这类媒介专注于当地新闻、社区活动和生活服务，具有较强的本地化特点，能够满足小范围受众的特定需求。

1. 代表性媒介

地方报纸：如某城市或地区的报纸，仅在当地发行，报道地方性新闻和事件。

地方广播电台：为特定区域的听众提供新闻、音乐和其他节目，覆盖范围仅限于该地理区域。

地方电视台：专注于某地区的电视台，提供当地的新闻、娱乐和公共服务信息。

本地化的网站或 APP：如地方论坛或生活服务类应用，服务于某一城市或地区的居民。

2. 媒介的特点

地方性内容：地方性媒介的内容集中在特定的地理区域，通常包括社区新闻、地方政府公告、商业广告及与当地文化相关的内容。这类媒介的报道更贴近本地居民的需求和关切。

受众精准：地方性媒介的受众定位非常明确，传播内容也非常细致化，目的是服务于特定社区或小范围的受众。因此，它们能够快速、精准地传递信息，具有较强的用户黏性。

互动性强和参与度高：由于受众范围较小，地方性媒介往往与当地居民建立了更为紧密的联系，居民通过报纸、广播等媒介反馈意见、参与讨论，从而增强了当地社区的凝聚力和互动性。

3. 媒介的影响

地方性媒介在地方社会中扮演着不可或缺的角色，尤其在建立社区意识、促进地方参与方面起到了重要作用。它们能够及时反映地方事务，提高地方政府的透明度，并为社区成员提供信息服务。通过本地媒介，地方居民能够更加了解社区动态，并参与地方事务的讨论和决策。

第二章　媒介发展历程与技术演化

第一节　媒介的发展

媒介的发展历程贯穿了人类文明的演化过程，深刻影响了信息传播的方式和人类社会的沟通模式。每一次媒介技术的革新，不仅带来了信息传播效率的提高，也推动了社会、文化和经济的变革。

一、口头传播阶段

在人类历史早期，文字尚未出现，人们主要依赖口头传播进行信息交流。这个时期的信息传播依赖人的语言，信息通过人们的对话、讲故事和口耳相传等方式传递，具有即时性和互动性。由于依赖人的记忆和语言，信息传播的速度和范围受到严重限制，信息容易在传播过程中失真。

口头传播为早期社会的知识传承、习俗和文化保存提供了基础，但由于缺乏物理记录，知识积累和跨区域传播困难重重。为了弥补这种局限，人类开始寻求更为稳定、更持久的记录和传播方式，文字应运而生。

二、文字传播阶段

文字的发明是人类文明发展史上最重要的里程碑之一，它使得信息的记录和传播从瞬时的口头交流转变为可以存储和跨时间传递的形式。

大约公元前 3200 年，苏美尔人发明了最古老的楔形文字，我国文字的起源可以追溯到古代的结绳记事和图画。原始人类使用结绳、刻契和图画等方法来辅助记事。这些方法在传播和积累口头知识时存在明显缺点，因此逐渐演变为更复杂的图形符号。公元前 16 世纪的商朝，甲骨文的出现标志着汉字的形成。甲骨文是刻在龟甲和兽骨上的文字，而造纸术的发明使书面信息记录更加普及。

文字媒介改变了信息传播的模式，文字将信息从短暂的口头形式转化为永久的记录，人们通过竹简、羊皮纸、纸张等媒介记录和传播信息，信息不再依赖人的记忆，可以保存并传播到更广的范围。但书写速度慢，信息仍然需要通过手抄来传播，覆盖范围有限，传播速度较慢。这时的文字和书面记录主要掌握在精英阶层手中，知识的传播有限，主要用于宗教、政治、法律等方面。

三、印刷传播阶段

印刷术是中国古代劳动人民的发明之一，北宋的毕昇发明的活字印刷术，极大地加速了信息传播的效率。这是媒介技术演化中的一大突破。印刷术使得书籍和报纸能够批量生产，知识传播的成本大幅度降低，信息得以更广泛地传递。从初期的雕版印刷、活字印刷到后来的机械印刷，成本逐步降低，传播效率提高。

随着印刷技术的发展，文字传播得以大规模扩展，形成了人类历史上第二个重要媒介阶段。印刷品成为主要的传播媒介，如书籍、报纸、杂志等。报纸成为大众获取信息的重要渠道。信息可以大规模复制，覆盖范围和传播速度大幅提升，传播内容的多样性和数量也显著增加。印刷技术催生了大量文学作品、科学文献和宗教文本，为启蒙运动和宗教改革提供了知识基础。

印刷媒介使得知识传播变得更加民主化，打破了精英对知识的垄断。报纸、书籍和期刊逐渐成为大众传播的重要工具，推动了全球的文化传播、教育普及和社会变革。

四、大众媒介传播阶段

19世纪末至20世纪，电磁波技术的突破引领了广播和电视等电子媒介的兴起，媒介进入了大众传播时代。这个时期，信息的传播不再依赖文字或印刷品，而是通过电子技术实现。

广播的出现极大扩展了信息传播的范围并提高了信息传播速度。1896年，意大利发明家伽利尔摩·马可尼发明了无线电技术，声音可以通过电波传播，听众能够实时接收信息。广播突破了识字限制，几乎所有人都可以通过听觉获取信息，信息传播的覆盖面大大增加。新闻、娱乐、音乐等内容能够迅速传播到全球各地，广播成为全球范围内信息传播的有效工具。

20世纪30年代，电视的发明和普及为媒介带来了图像传播的革命。电视结合了声音和图像，成为全球最有影响力的大众媒介之一。电视通过视听结合的方式大大增强了信息传播的表现力和吸引力，观众能够直观地看到新闻、娱乐节目和广告等内容。电视不仅是娱乐和新闻的主要传播工具，还影响了政治、文化和社会进程，塑造了公众舆论和社会意识形态。

广播和电视将信息传播带入了真正的大众传播时代，使全球受众能够同步接收信息。这些媒介的普及也促进了广告业和娱乐产业的蓬勃发展，极大地改变了现代社会的文化结构和经济结构，形成了"地球村"的雏形。

五、网络与数字传播阶段

20世纪后期，数字技术和互联网的出现标志着媒介进入了一个全新的时代。与之前的媒介不同，数字媒介不再依赖物理载体，而是通过虚拟形式进行传播，极大地改变了信息的生成、分发和消费方式。

20世纪60年代，互联网雏形出现；20世纪90年代，互联网的普及改变了信息传播的规则。通过互联网，信息不再局限于传统的单向传播模式，而是形成了多向互动的网络。互联网突破了地理界限，信息可以在全球范围内瞬时传递，任何人都可以成为信息的生产者和传播者。互联网也打破了传统媒介的中心化控制，个人可以通过博客、社交媒体、视频网站等平台直接发布形式多样的内容（如文字、图片、音频、视频等），信息传播的门槛降低。

数字化使得文字、图像、声音和视频能够以统一的格式存储和传输，媒介呈现出多媒体化的趋势。2G、3G、4G 到 5G 技术的演进，使得信息传播不再局限于固定设备，可以通过多种数字设备（如智能手机、平板电脑、电脑）进行访问和传播，极大提升了信息的可达性。社交媒体平台（如微博等）促进了 UGC（用户生成内容）的兴起，每个人都可以成为内容创造者，改变了媒介的生产和消费模式。

数字媒介和互联网带来了信息传播的高度全球化和个性化。信息可以快速跨越国界，形成全球同步传播，同时用户可以根据自己的需求定制信息接收方式和内容。与此同时，数字媒介也带来了虚假信息、隐私问题和信息茧房等新挑战。

六、智能媒介传播阶段

进入 21 世纪，随着人工智能、大数据和物联网（IoT）的发展，媒介进一步向智能化和个性化方向演化。

AI 技术正在改变信息的生产、分发和消费方式。通过智能算法，媒介平台可以为用户提供高度定制化的推荐内容，提升了用户的参与感和满意度。AI 可以自动生成新闻、文章和视频等内容，如机器人写作、虚拟主播等，大大提升了内容生产效率。各种智能设备连接形成信息传播的网络，如智能音箱、智能家居等，信息传播的载体进一步多样化。虚拟现实（VR）和增强现实（AR）技术的应用，使得媒介在视听体验上更加沉浸和互动。用户不仅是被动的内容接收者，还是虚拟环境中的参与者。

智能媒介和 AI 技术进一步推动了媒介的个性化和互动化发展，未来的媒介可能使虚拟与现实更加融合，为受众提供前所未有的沉浸式体验。同时，随着技术的发展，媒介的社会责任、隐私保护和算法透明度等问题也愈发重要。

媒介的发展历程反映了人类信息传播技术的不断革新。从口头传播到印刷媒介、电子媒介，再到今天的数字媒介和智能媒介，每一个阶段都推动了人类文明的进步。随着技术的不断演化，未来媒介将继续以新的方式塑造社会和文化，为信息传播带来更多可能性与挑战。

第二节　媒介技术的演化

一、印刷技术的演化

（一）活字印刷到自动印刷

印刷技术的首次革命源自中国的活字印刷术。活字印刷术将单个字模排列组合成完整的文本，使得印刷不再依赖整版雕刻，极大提高了印刷效率。到15世纪，欧洲的古腾堡改进了活字印刷，印刷术由此在西方普及。之后随着工业革命的推进，印刷技术逐渐自动化，各类印刷机问世，不再依靠人力手动排字，极大提高了出版速度。到了20世纪，自动化排版和印刷技术进一步成熟，推动了图书、报纸等媒介的广泛传播。

（二）彩色印刷技术的发展

印刷技术从黑白印刷发展到彩色印刷，进一步丰富了媒体内容的表达。最早的印刷方式是木版印刷，使用手工雕刻的木板，逐渐发展出铜版印刷。这个阶段主要依赖人工，色彩的使用受限。随着工业革命的到来，印刷机的机械化大大提高了生产效率。色彩分离和拼版技术的发展，使得多色印刷成为可能。同时彩色印刷成本降低，图像、照片等视觉元素开始大量出现在书籍和杂志中，使得信息传达更具吸引力和表现力。彩色印刷不仅是技术的进步，还是视觉传播方式的提升，为后续的广告、出版业等领域开拓了广阔的应用空间。

二、广播和电视技术的革新

（一）广播从模拟到数字，从 AM/FM 到数字化广播

自 20 世纪初诞生以来，广播便成为最早的大众传播媒介之一。最初，广播主要采用调幅和调频技术，将声音信号有效地传播给广大的听众。这种新兴的传播方式使人们能够及时获取新闻、娱乐和教育内容，极大丰富了公众的文化生活。随着科技的不断进步，广播从模拟信号转向数字信号，这一转变不仅提升了音质的清晰度，还增强了信号的抗干扰能力。数字广播的引入使得音频质量更为稳定，听众能够享受到更高保真的音效。

此外，数字广播还带来了多样的节目选择和互动功能。听众可以根据个人喜好选择不同的频道，甚至参与节目进行互动，这种灵活性和参与感极大增强了用户体验。这些变化使得广播技术实现了质的飞跃，不再只是单向的信息传递，而是形成更为丰富和多元的传播生态。

（二）电视从黑白到彩色，再到高清与 4K

电视的发展经历了从最初的黑白电视到彩色电视，这一变化极大地丰富了大众获取信息的体验。黑白电视虽然在当时开创了视觉传播的新纪元，但彩色电视的问世让画面变得更加生动鲜明，使观众能够更真实地感受到影视内容的魅力。这种视觉上的提升不仅增强了观众的观看兴趣，也改变了人们对电视节目的消费习惯。

进入 20 世纪末，高清电视（HDTV）逐渐成为主流，高清电视以更高的分辨率显著提升了图像质量，使得画面中的细节更加清晰，真实感增强。观众能够更细致地欣赏节目中的每一个细微之处，从而提升了观看的整体享受。这一时期，高清晰度的画面不仅提升了影视作品的表现力，也让新闻、体育等节目呈现出更为震撼的效果。

近年来，随着 4K 和 8K 超高清电视的逐渐普及，电视技术迈上了新的台阶。超高清电视提供了更高的分辨率和更丰富的色彩，使得视觉效果达到前所

未有的高度。观众在观看时能够体验到更为细腻的画面和更强的沉浸感，仿佛置身于节目所呈现的情境中。这种沉浸式体验不仅增强了观众与节目之间的互动感，也让观看电视成为一种使人更为愉悦和引人入胜的娱乐方式。

（三）卫星电视和有线电视的发展

卫星电视和有线电视的引入，使得电视信号能够跨越地理和物理限制，向更广泛的区域传播，彻底改变了人们获取信息和娱乐的方式。卫星技术的应用尤其适合偏远地区和农村地区，能够将电视信号传递到那些传统有线电视难以覆盖的地方。这一技术的普及使得更多观众能够享受到丰富多样的电视节目，缩小了城乡之间的信息差距。

与此同时，有线电视的发展则为观众提供了多频道和付费点播服务，极大地丰富了内容选择。用户不仅可以收看本地和国家的频道，还能够接触到国际节目，涵盖了新闻、体育、电影、纪录片等多种类型。这种多样化的选择让观众能够根据自己的兴趣和需求自由选择观看内容，极大增强了观看的灵活性和个性化体验。在这一时期，电视逐渐发展成家庭娱乐中心，成为人们日常生活中不可或缺的一部分。

三、计算机与网络技术的兴起

（一）早期计算机网络：ARPANET 到互联网

计算机网络的起点是 20 世纪 60 年代的 ARPANET 项目，旨在实现信息的高效共享。ARPANET 的建立被认为是互联网的雏形，为日后全球网络体系的形成奠定了基础。1990 年，互联网（Internet）逐渐成为全球性的通信网络，实现了全球数据连接，为现代信息社会的诞生开创了条件。

（二）WWW 的诞生与网页技术的发展

1990 年，蒂姆·伯纳斯·李发明了万维网（WWW），这一技术使得超文本成为可能，用户能够通过链接在网页间自由跳转，极大地丰富了信息获取方式。HTML、CSS等网页技术的演进，使得互联网内容愈加丰富、互动性更强，推动了网络技术的进一步发展。

（三）搜索引擎与内容管理系统的进化

随着互联网信息的爆炸性增长，搜索引擎成为人们获取信息的核心工具，Google（谷歌）、Yahoo（雅虎）等搜索引擎应运而生。内容管理系统的发展进一步推动了信息的生成和管理，使得普通用户也能轻松创建和发布内容，互联网逐步实现了由"信息搜索"到"内容生成"的转变。

四、移动互联网和智能设备的普及

（一）移动通信技术（3G/4G/5G）的革新

移动通信技术的每一次迭代都推动了移动互联网的发展。3G技术普及后，移动设备开始具备上网功能；4G网络则带来了更高的带宽，推动了移动视频、直播等应用的兴起；5G技术的应用使网络速度进一步提升，低延时、高速率的特点推动了物联网、智能家居等新型应用的出现。

（二）智能手机、平板电脑等便携设备的崛起

自2007年iPhone推出后，智能手机逐渐成为现代人的必备设备。智能手机和随后的平板电脑集成了通信、娱乐、办公等多种功能，借助移动互联网的普及，使得人们随时随地获取信息成为可能，重新定义了媒介与用户的关系，改变了传统的传播模式。

（三）应用程序和平台生态系统的发展

应用程序的多样化发展，催生了包括社交媒体、电商、短视频等平台，构建了丰富的应用生态系统。平台生态系统不仅支持个人创作与分享，也为企业提供了新的商业模式。通过应用程序，用户的需求得到了更高效的满足，媒介内容的生产和消费方式也更加丰富多元。

五、人工智能发展

（一）大数据与推荐算法

大数据和人工智能技术的发展，使得媒介能够基于用户的兴趣和行为进行精准的内容推荐。个性化推荐算法不仅提升了用户的体验感，还改变了信息传播的方式。新闻、视频等信息流通过推荐算法推送到用户手中，实现了"千人千面"的传播模式，进一步增强了用户黏性。近年来，人工智能技术的迅猛发展催生了众多智能对话平台，极大地改变了信息传播和获取的方式。这些平台利用大数据和深度学习算法，提供个性化的内容推荐和交互体验，满足用户多样化的需求。国内如百度的"文心一言"、阿里巴巴的"通义千问"等，通过先进的自然语言处理技术，为用户提供智能问答、内容创作等服务。国际上，OpenAI 的 ChatGPT、谷歌的 Bard、微软的 Bing AI 等平台，在对话生成、信息检索等方面展现出强大的能力。这些平台的出现不仅提升了用户获取信息的效率，还推动了信息传播方式的变革。

（二）虚拟现实与增强现实技术的应用

虚拟现实和增强现实技术为媒体内容提供了更为沉浸的体验。例如，虚拟现实可以用于新闻直播、电影制作、游戏等场景，让用户身临其境。增强现实技术则常用于广告、教育、旅游等领域，为用户提供叠加在现实世界之上的虚拟信息。

（三）区块链与信息真实性验证技术的发展

随着信息传播的加速，假新闻、伪造内容等问题也逐渐凸显。区块链技术通过去中心化和不可篡改的特点，为信息的真实性验证提供了新路径。区块链技术在新闻报道、数字版权等领域具有潜在的应用价值，将对媒介行业的信任体系构建产生积极影响。

第三章 媒介与社会

随着媒介技术的不断演化,媒介在社会中所扮演的角色越发复杂。媒介不仅仅是信息的传播工具,还深刻影响着社会的文化、政治、经济及人际交往方式。在全球化与信息化的背景下,媒介作为社会的镜像与驱动因素,发挥了更加显著的作用。

第一节 媒介对社会的影响

一、政治参与与民主进程

媒介在我国政治生活中发挥着重要作用,其功能定位与运行逻辑始终服务于党和国家事业发展全局。媒介既是政治信息传播的主渠道,也是推进社会主义民主政治建设的重要载体。

在政治信息传播方面,以中央广播电视总台、《人民日报》等为代表的主流媒体,通过权威发布、深度解读等方式,持续推动党的创新理论、国家大政方针和治国理政实践进万家。各级党政机关通过新闻发布会、政务新媒体矩阵等渠道,构建起立体化信息发布体系。特别是在重大政策出台时,媒体通过"政策图解""专家访谈"等形式,帮助公众准确理解政策内涵,为凝聚社会共识发挥了重要作用。

媒介在有序推动政治参与方面扮演了积极的角色。依托人民网"领导留言板"、国务院客户端等平台，公众可直接向党政机关反映诉求、提出建议。主流媒体通过搭建"代表委员通道""部委访谈"等参政议政平台，使人民群众的智慧力量源源不断汇入国家治理体系。短视频平台开设的"乡村振兴大家谈"等专题，吸引广大群众参与政策讨论，为基层治理注入新活力。

作为社会治理的重要力量，媒介始终坚持建设性监督导向。通过《新闻调查》等栏目，既聚焦群众民生问题，又注重挖掘典型经验。在生态环境保护、食品药品安全等领域，媒体通过舆论监督推动问题整改，构建起政府监管、企业自律、社会监督的协同治理格局。特别是在反腐败斗争中，媒体通过专题报道展现全面从严治党成效，形成强大震慑效应。

进入全媒体时代，我国正加快构建全媒体传播体系，着力打造新型主流媒体集团，不断提升传播力、引导力、影响力、公信力，为全面建设社会主义现代化国家提供有力支持。

二、经济影响与产业发展

媒介与经济发展密不可分，不仅是推动经济增长的重要力量，也是承载多种经济活动的平台。

媒介产业本身已构成庞大的经济体系。广告、娱乐、新闻、出版等传统媒介行业形成了完善的产业链，为社会提供了大量的就业机会和经济收益。随着互联网和数字媒介的崛起，新的商业模式不断涌现，如网络广告、流媒体和数字订阅等，不仅创造了新的市场需求，还推动了经济的数字化转型，加速了全球经济的连接与融合。

媒介在信息经济和创新驱动方面发挥了关键作用。作为信息传播的载体，媒介为信息经济的发展提供了基础，通过网络平台、手机应用等，商业信息得以快速精准地传达给受众，提升了商业活动的效率并扩大了覆盖范围。这种信息流动的加速推动了电子商务、在线教育、数字金融等新兴产业的发展，使得创新驱动成为经济增长的核心动力。尤其是在移动互联网时代,媒介进一步打破了传统的时空限制,使得用户可以随时随地获取信息,为信息经济的繁荣创造了理想的条件。

媒介作为内容产业和创意经济的重要组成部分,为全球创意经济的繁荣提供了强大支持。影视、音乐、游戏等创意产业依托全球化的媒介平台,借助互联网和流媒体等技术手段,实现了跨越国界的传播,带来了巨大的经济效益。许多国家将这些创意产业作为经济支柱,积极扶持并推动其出口,以提升国际影响力和竞争力。媒介为创意作品提供了展示和流通的平台,使得文化内容不仅具备经济价值,还成为国家文化软实力的重要组成部分。在全球化趋势的推动下,媒介已成为创意经济的重要引擎,促进了文化、经济的跨区域融合。

三、文化塑造与传播

媒介是文化传播的载体,在社会文化的形成、传承和传播中起到了关键作用。

随着媒介技术的不断进步,文化传播的速度和广度显著提升,电影、音乐、文学作品等文化产品得以轻松跨越国界,实现了全球范围内的文化流动。这种跨文化的传播不仅让不同国家的文化相互影响,还催生了流行音乐、好莱坞电影等全球化的文化潮流,推动了新的文化融合形式的发展。然而,媒介在传播文化的同时,也引发了文化多样性与同质化问题。现代媒介为多种文化的表达和传播提供了便捷的渠道,增加了文化的多样性,使得各地特色文化可以获得更广泛的关注和认同。媒介在文化记忆和遗产保护方面承担着重要职责,通过纪录片、影视剧、书籍、数字化档案等媒介手段,许多传统文化和历史事件得以永久保存,并通过大众媒介加以传播,使得这些文化记忆成为社会集体意识中的重要组成部分。媒介在文化全球化、文化多样性与同质化及文化记忆保护中的作用,为文化的延续与发展提供了新的契机,也对文化多样性的保护提出了更高的要求。

四、社会认知与价值观的塑造

媒介不仅是信息传播的工具，还在很大程度上塑造了公众的认知、态度和价值观。通过舆论引导，媒介能够借助报道、评论和话题选择的方式影响社会舆论的方向，使特定议题进入公众视野。例如，在 2024 年巴黎奥运会上，阿尔及利亚女子拳击选手伊曼尼·哈利夫（Imane Khelif）因其性别资格问题引发广泛关注。这一新闻引发了关于性别认定标准和公平竞争的广泛讨论，媒体对此进行了大量报道，进一步推动了社会对性别认同和体育公平性的关注。因此，媒介不仅是信息的传递者，还是社会议题的塑造者和推动者。

此外，媒介在价值观的形成和传播中扮演了关键角色。大众媒介，尤其是电视、电影和广告，通过塑造生活方式和主流文化来传播社会主流价值观，影响受众的世界观、人生观和价值观。例如，通过媒体的报道，谷爱凌不仅以她出色的滑雪成绩和健康形象备受瞩目，她还被誉为时间管理大师，巧妙地平衡了学业和训练。谷爱凌的案例不仅突显了坚韧和自律的重要性，还在年轻人中推广了一种高效平衡的生活方式，改变着社会的消费观念和审美标准。这种价值观的渗透和普及对社会的影响是深远的，甚至能够引发生活方式和文化潮流的变迁。

然而，社交媒体和算法推荐技术的发展，给信息传播的方式也带来了新的挑战，人们往往只接收符合自身立场的信息，这导致出现"信息茧房"现象。受众在信息选择上趋向于自我强化，而算法推荐进一步巩固了这种倾向，使得不同立场和观点的受众之间沟通减少，彼此更容易产生误解甚至对立，从而加剧社会分裂与极化。媒介在信息传播中的选择和推送机制不仅影响了个体的认知，还潜移默化地改变了社会的对话氛围，使得不同群体之间的认知鸿沟逐渐加深。

第二节　社会对媒介的影响

社会对媒介发展产生深远影响，政治制度、经济形态、文化背景和技术进步等因素都会在不同程度上影响媒介的发展和功能。

一、制度与媒介发展

我国的传媒体制具有复杂而独特的特点，其核心表现为媒介的"双重属性"，即媒介既承担着重要的政治宣传职能，又必须在市场竞争中找到生存和发展的空间。这种双重属性决定了我国媒介的发展与改革始终在政治力量和经济力量之间进行平衡与博弈。

媒介的政治职能一直是其核心任务之一，尤其是在宣传党的方针政策、塑造国家形象及引导社会舆论方面，媒介发挥着至关重要的作用。因此，尽管我国媒介行业的市场化进程不断推进，但政治力量的主导地位始终未曾动摇。与此同时，经济力量的引入为媒介行业带来了更大的生存空间和多样化发展路径。随着改革开放以来经济的高速发展，媒介行业逐渐适应了市场竞争的逻辑。改革开放以来，中国的媒介行业经历了深刻的变化，尤其是商业化和市场化加速发展。但在这些变化的背后，核心原则并未改变，尤其是"党管媒体"原则。这一原则不仅是改革的基础，还是整个体制框架的核心基石。陈力丹教授曾强调，"党管媒体"原则始终不容触动，它不仅身处改革的范畴之外，而且是所有改革措施制定的前提。

"以变求不变"的改革思路，具体体现在媒介机构的结构调整和运营模式的创新上。这种改革模式保证了媒介在适应社会经济和环境变化的过程中，始终保持其核心政治职能不变。通过这种方式，媒介不仅在应对全球化和信息化带来的挑战时具备了足够的竞争力，也确保了党的主导地位在舆论领域的持续巩固。

二、技术与媒介创新

技术进步始终是推动媒介行业发展的核心动力，每一次技术的飞跃都引发了媒介形态的深刻变革，重新塑造了信息传播的方式和社会的沟通模式。从印刷术的发明到广播电视的普及，再到互联网时代的到来，每一项技术创新都极大地扩展了信息传播的范围、速度和形式，推动着媒介走向更高效、更广泛的传播时代。

互联网和移动设备的普及无疑是媒介发展史上的里程碑。网络技术的突破性进展使信息传播不再受限于地理位置和时间的约束，全球各地的信息可以在瞬间传播到世界的每一个角落。这种信息传播的无缝性大大缩短了人与人之间的沟通距离，形成了一个真正的"地球村"。随着智能手机的广泛使用，移动互联网成为人们获取信息的主要渠道，用户可以随时随地接收和分享新闻、视频等多媒体内容。

与此同时，数字技术的迅速发展也催生了全新的传播渠道。社交媒体、自媒体的兴起不仅打破了传统媒介的垄断格局，还赋予普通用户表达和传播信息的能力。每个人都可以通过社交平台、博客、视频分享网站等媒介渠道成为内容的创造者和发布者，信息传播从单向的"媒介到受众"模式转变为多向的"人人皆可传播"模式。这种传播权力的下放极大地丰富了信息的多样性，也增强了用户的参与感和互动性。

在当前的技术革命中，大数据和人工智能正日益成为媒介创新的重要引擎。大数据技术使得媒介机构能够通过收集和分析海量的用户行为数据，深入了解受众的兴趣、偏好和需求。通过这些数据分析，媒介不仅能够为受众量身定制个性化的内容，还可以精准投放广告和开展有针对性的营销活动。大数据的应用提升了媒介的效率，使其能够更加精准地服务于目标受众，推动了媒介内容生产和分发的智能化发展。

人工智能则进一步深化了这一趋势，改变了媒介行业的生产流程和内容形态。智能算法可以根据用户的浏览历史和喜好，自动推荐符合其兴趣的内容，极大地提升了用户的体验感。例如，流媒体平台通过智能推荐系统，为用户提供个性化的观影建议，新闻应用程序通过算法筛选出用户感兴趣的新闻内容推送给用户，一些新兴的内容生成技术（如图像生成技术）已经开始参与到新闻报道和内容创作中，显著提高了内容生产的自动化水平。

人工智能还在新闻采编、图像处理、视频编辑等多个领域进行了创新，如利用 AI 技术进行新闻热点的实时监控和话题预测,可以让新闻机构更迅速地捕捉重要事件;利用图像识别技术,可以实现对视频内容的快速编辑和筛选,减少人工的工作量。这种技术赋能使得媒介行业的内容制作过程更加高效、智能,同时也提升了内容的精度和质量。

三、经济体制对媒介的影响

经济体制对媒介的功能和运作方式产生了深刻的影响,不同的经济模式直接决定了媒介的运营逻辑、内容生产方式及在社会中的角色定位。在计划经济和市场经济体制下,媒介的发展路径、功能定位及创新动力存在明显的差异,这也深刻影响了媒介的演变与革新。

在计划经济体制下,媒介主要依赖政府的财政拨款,充当国家宣传的工具。媒介的主要功能是服务于国家利益,重点在于传播社会主义核心价值观、宣传党和政府的政策决策。因此,媒介的内容生产、资源分配和发展方向都严格按照国家的总体规划进行。这种体制确保了媒介的运行具有较高的稳定性,不必依赖市场竞争生存,从而能够在较长时间内集中精力执行宣传任务,保持一致的政治导向。

然而,计划经济体制下媒介的创新动力相对不足。由于财政支持稳定、运营风险低,媒介机构缺乏市场竞争压力,这往往导致内容形式单一化和创新活力匮乏。此外,由于媒介主要承担政策宣传任务,内容的多样性和灵活性受限,不太可能迅速响应社会需求和用户兴趣的变化。这种体制在维护社会稳定、确保意识形态主导方面起到了重要作用,但在推动媒介创新与技术进步方面则相对滞后。

与计划经济体制不同,市场经济体制下的媒介需要自主经营、自负盈亏。为了在竞争激烈的媒介市场中生存和发展,媒介必须争取更多的受众、广告和信息资源,这也意味着媒介在运作方式上更具灵活性和创新性。媒介不再仅仅是政策宣传的工具,它在承担社会责任的同时,还必须考虑商业利益,报道立场逐渐向客观、中立和公正的方向靠拢,以赢得更广泛的受众和社会信任。

在市场竞争的驱动下，媒介行业的创新速度显著加快。为了满足用户日益多样化的需求，媒介必须不断探索新的内容形式、传播技术和商业模式。例如，在线新闻的付费模式、短视频平台的兴起，以及社交媒体的普及，都是市场经济下媒介创新的体现。这些新型媒介形态不仅改变了信息传播的方式，还塑造了新的媒体消费习惯，使得用户获取信息更加便捷、个性化。广告收入成为市场经济体制下媒介的主要收入来源之一。为了吸引更多广告主，媒介机构需要不断扩大受众基础，这推动了内容向多样化和娱乐化方向发展。一些媒介为了获取更多的点击量和关注度，可能会迎合受众的兴趣，倾向于生产更具娱乐性、感官刺激的内容，这可能导致媒介内容趋向于浅薄化、娱乐化，从而削弱了媒介的社会责任感和公共价值。这种情况的出现，使得媒介在追求商业利益与履行社会责任之间面临新的平衡挑战。

在市场经济体制下，媒介行业需要不断适应技术的快速变化和用户需求的多样化，创新成为保持竞争力的关键因素。数字化技术的进步为媒介带来了巨大的机遇，传统的报纸、广播、电视纷纷转战到网络，甚至从文字媒体转型为视频媒介。例如《新京报》创办"我们视频"实现转型突破，也让媒介的边缘变得更加模糊，媒介的传播渠道和内容形式变得更加丰富多样。然而，尽管创新推动了媒介行业的快速发展，但随之而来的挑战也不容忽视。在市场竞争的压力下，部分媒介为获取更高的流量和收入，可能会放弃对深度报道和严肃新闻的关注，转而生产更多迎合市场、吸引眼球的内容。与此同时，市场经济体制下广告主的影响力可能会过度渗透到媒介内容生产中，导致新闻的客观性和独立性受到侵蚀，甚至可能出现"软广告"或隐性广告与新闻报道混淆的现象。

四、文化背景与媒介形式

文化背景对媒介形式的选择、发展和使用具有深远影响，不同的文化背景往往造就了独特的媒介形态和传播方式。在特定的文化环境中，媒介不仅是信息传播的工具，还是文化价值观、社会规范和历史传统的载体。媒介形式的多样性和适应性使其能够更好地契合不同文化群体的需求，从而在内容呈现和沟通方式上反映出各自的文化特征。

媒介的表现形式和内容在不同文化背景下呈现出截然不同的形式、风格、内容和表达方式。各地的文化传统、历史背景、价值观和社会规范直接影响了媒介的生产和呈现。在表现风格和视觉表达上，东方文化中媒介内容的表达较为含蓄，习惯使用象征手法和间接表达，而西方文化中的媒介内容更直接，擅长用鲜明的视觉效果和强烈的情感来吸引观众。文化背景还会影响媒介内容的题材选择和价值导向，如一些文化重视宗教与传统，媒介内容可能以家庭、道德和信仰为主题，而在现代化、科技导向的文化中，媒介则倾向于报道创新、自由和多元化的内容。

因此，媒介内容和形式与文化背景的关联性不仅影响了传播效果，也使得媒介成为文化认同、价值观念和社会关系等方面的重要反映渠道。媒介从业者理解这种文化背景对媒介的影响，不仅有助于更精准地把握受众需求，还能在跨文化传播中创造更深层次的共鸣和理解。

第三节　媒介伦理与社会责任

随着媒介影响力的增强，媒介的社会责任和伦理问题日益凸显，尤其在信息化和全球化加速的背景下，媒介责任的讨论越来越广泛。

一、新闻真实性与信息透明

新闻媒介的基本责任是保障报道的真实性和透明性，这是新闻伦理的核心。随着信息传播速度的加快，尤其在数字媒体时代，虚假新闻、煽动性报道或带有偏见的内容更易迅速扩散，对公众产生误导，并可能引发社会恐慌或对立。例如，未经核实的健康谣言、炒作性的经济报道或带有立场倾向的政治新闻，都会使公众难以获取客观、可靠的信息，进而损害媒介的公信力。为避免出现这种现象，媒介从业者必须始终坚持事实核查，审慎对待信息来源和细节，以确保新闻内容真实、可信。在涉及公共利益的重要事件中，新闻透明性尤为重要，媒介有责任对信息来源、获取方式和可能的利益相关性保持公开，增强报道的透明度，让公众了解信息的真实性及可靠性。这种透明机制不仅能增进社会对新闻媒介的信任，也能提升新闻媒介对公共事务的正面影响。

二、隐私保护与数据安全

随着互联网和社交媒体的迅速发展，用户数据已成为媒介行业的重要资源，而数据隐私问题也成为引发伦理争议的核心议题。许多媒介公司通过收集、分析用户数据，来推送个性化新闻和广告，这一过程确实提升了用户体验，但同时也暴露出个人隐私被侵犯的风险。近年来，社交平台的大规模数据泄露事件让公众对隐私保护的关注不断提升，社会对数据安全的要求日益迫切。为此，政府和行业需要加强对数据安全的法规建设，确保用户数据的透明使用、合法采集和有效保护。同时，媒介公司在使用大数据技术时应严格遵守伦理原则，明确数据的用途与限度，避免将数据用于侵犯隐私或无关的商业用途。对于媒介从业者来说，在数据使用过程中保持谨慎、尊重用户的隐私权，是维护行业信誉和社会责任的关键。在这种背景下，运动员和团队需要格外注重数据安全管理。在共享训练数据、健康状况或战术分析时，应避免公开过多细节，以免给对手带来战术信息方面的优势，或因数据外泄影响运动员的职业发展。

三、公正与多元化表达

作为信息的传播者，媒介有责任在报道中保证内容的公正性，避免偏见与歧视，以促进社会的多元和包容。不同社会群体，包括少数族裔、性别群体、宗教信仰者及弱势群体，都应在媒介中获得平等的表达机会。新闻和传播内容的多样性，不仅使得各类声音得以被听见，也让社会的复杂性和多样性得到充分呈现，避免了信息内容的单一化。在具体实践中，媒介可以通过专题报道、调查新闻等形式揭示社会不公，呼吁关注被忽视的群体，积极发挥舆论监督的作用。通过这种多元化的表达，媒介不仅推动了社会公平与公正，还不断推动社会包容与和谐，为公众提供广阔、多维的视角，从而让社会更具包容性与理解力。这一媒介责任不仅关乎内容公正，还涉及促进社会对不同文化、背景和信仰的尊重与认同。

第四节　媒介与社会发展的互动

媒介与社会的关系既复杂又紧密，二者的互动不仅改变了信息传播方式，也影响了社会的结构、价值观和未来发展方向。媒介的发展不仅是对社会进步的映照，也在推动和塑造社会变革的过程中扮演了重要角色。

一、媒介作为社会变革的催化剂

媒介不仅是社会变迁的记录者，还是社会变革的重要催化剂。在历史上，每次重大的技术进步或媒介革新都引发了深远的社会影响。例如，印刷术的发明大幅度降低了知识传播的成本，使得思想跨越地域和阶级流传，进而推动了宗教改革和启蒙运动等重要历史进程。同样，广播和电视的出现扩大了信息的覆盖面，塑造了大众文化，也促成了不同阶层、地域和国家之间的文化认同。在当代，互联网的普及使得信息流动变得更加自由、快速，不仅推动了全球化进程，还引发了信息传播、商业模式和社会结构的全面转型。在这些过程中，媒介不仅是技术成果，还是推动社会思潮、文化传播和权力变革的力量。

二、媒介适应社会需求的演化

随着社会需求的变化，媒介也在不断创新与变革，以适应公众日益多样的需求。在信息化社会，受众对信息的即时性、个性化和互动性的需求不断增强，促使传统媒介纷纷向数字化转型，进军新媒体领域。例如，传统报纸逐步推出电子版或社交媒体平台，以适应移动端阅读的趋势；电视台则开通在线流媒体服务，提升受众的选择和观看体验。新媒介形式的涌现，如社交媒体、短视频和直播等，不仅满足了受众对内容的多样化需求，还使用户成为信息传播的主动参与者。这种适应社会需求的演化，使媒介能够在竞争中保持活力，同时推动了信息传播的模式从单向灌输走向互动与分享。

三、媒介与社会的双向调适

媒介与社会的互动关系是双向的，媒介不仅改变了社会的沟通方式、文化形式和政治参与方式，还不断受到社会需求和期望的推动。例如，社交媒体的兴起使得信息传播更加去中心化，扩大了公民参与公共讨论的空间，从而改变了传统的权力结构，赋予公众更多话语权。在政治领域，社交媒体的普及让公民更容易接触和讨论政治议题，塑造了新的公共舆论场。而与此同时，社会对信息的自由、透明度和多样化的需求，也促使媒介在内容和形式上不断革新，以满足公众对真实信息、平衡报道和多元表达的期待。这种双向调适过程不仅使媒介得以适应新的社会需求，也塑造了现代社会开放、互动的沟通环境。

媒介与社会的关系是相互依存且不断演变的。媒介不仅作为社会变革的镜像，记录并呈现社会的发展轨迹，也通过其独特的传播力量积极参与到社会的塑造中，从而影响文化、政治和经济。尤其在全球化和信息化日益深化的今天，理解媒介与社会之间的关系，对于全面认识现代社会的沟通结构和信息流动至关重要。

第四章　媒介的未来与新趋势

随着技术的飞速进步和社会需求的不断变化，媒介的未来发展呈现出多样化和高度互动的趋势。当前的媒介环境正在经历一场深刻的变革，未来的发展方向将涉及人工智能、大数据、虚拟现实等技术的融合，并且新的传播模式也会出现。

第一节　技术驱动的媒介变革

技术进步是媒介发展的核心动力，未来的媒介将继续依托新兴技术，在信息传播的效率、内容生产的智能化和沉浸式体验上实现突破。

一、人工智能与媒介内容生产

随着人工智能技术的快速发展，其在媒介领域的应用越发深入和广泛，从新闻写作到个性化内容推荐，再到用户行为分析，AI 正全方位地重塑媒介内容的生产、分发与管理方式。

（一）自动化内容生成

基于数据在 AI 系统中输入相应指令，可以自动撰写新闻稿、社交媒体内容，甚至进行视频剪辑，这一技术能够高效生成简单的新闻或报告，减少传统内容创作过程中对人力的依赖，显著提升生产效率。例如，基于重大赛事的实时数据，AI 系统可以自动撰写赛事报道并迅速发布，为读者提供即时的赛事信息。这种自动化内容生成技术正在改变传统内容创作的流程，使信息生产更加高效且大规模化，从而满足快速变化的用户需求。运动员通过学习 AIGC 软件，也可以自动生成短视频文案，为自己设计海报、数字形象，甚至周边产品。

（二）个性化推荐与精准传播

在信息过载的时代，用户的时间和注意力成为稀缺资源。AI 驱动的个性化推荐系统通过分析用户的兴趣、习惯和行为，从而实现内容的精准分发。无论是新闻、广告还是娱乐内容，AI 可以基于大数据和机器学习模型，预测用户的偏好并进行内容推荐。比如，推荐算法能够根据用户的阅读历史、点赞行为或搜索记录，提供高度个性化的新闻推送内容，从而提高用户黏性。此外，AI 的精准传播还能够帮助广告商实现目标用户定位，优化广告投放效果，最大化营销效果。

（三）智能化编辑与内容管理

AI 在内容编辑和管理方面的应用使得媒介工作流程更加高效与智能化。传统媒介中，编辑和归档大量新闻、图像和视频资料是一项耗时费力的工作，而 AI 技术可以通过对信息进行智能分类、自动标签和内容归档，极大提高这一过程的效率。例如，利用图像识别技术可以自动分析新闻图片的主题，快速选择合适的配图。同时，AI 的智能搜索功能可以帮助编辑更快地检索到所需信息，提升工作效率。通过对内容生产与管理流程的智能化优化，AI 为媒介行业提供了更加便捷和系统的工作工具。

（四）用户行为分析与内容优化

AI 还可以通过用户行为数据分析优化内容生产的决策流程。AI 能够追踪并分析用户的点击、停留时间、互动行为等，通过这些数据，媒体平台可以洞察用户需求和内容表现，进而调整内容策略。例如，一篇新闻的点击率、阅读时长等数据可以帮助编辑了解用户对特定话题的兴趣，从而优化未来的选题与内容呈现方式。此外，通过情绪分析技术，AI 还能够识别用户对内容的情感反应，从而提供更具针对性的内容，以提升用户的体验与满意度。

（五）创意辅助与人机协作

尽管 AI 在内容生产中的应用越来越广泛，但它的作用不仅限于"自动化"或"效率提升"，还体现在人机协作的创意辅助中。AI 可以为内容创作者提供创意支持，如在选题、标题生成、视觉设计等方面提供建议，使创作者可以更好地发挥创意而不必承担繁重的重复性工作。比如在短视频制作中，AI 可以自动生成脚本建议、选择适合的配乐，甚至进行视频剪辑，从而减轻创作者的工作负担。这种人机协作模式不仅提升了内容的创作质量，也为媒介内容生产注入了新的活力。

二、虚拟现实与增强现实的沉浸式媒介体验

虚拟现实和增强现实技术的迅速发展，为媒介提供了颠覆性的沉浸式体验。相比于传统的平面媒介，VR 和 AR 使信息的传递变得更加立体和生动，为用户带来全新的"身临其境"感受。以下几个方面展示了 VR 和 AR 技术在媒介体验中的深远影响。

（一）沉浸式新闻报道

VR 技术为新闻报道带来了全新的互动方式。通过 VR 设备，用户可以"进入"新闻事件的发生现场，亲历事件发生的每一瞬间。例如，在战争或自然灾害的报道中，VR 可以重现现场环境，让用户感受到事件的真实和紧迫感，超越传统图片或视频带来的平面感。用户通过 VR 体验不再只是新闻的被动接收者，而成为身临其境的"体验者"。这种沉浸式的新闻报道不仅增强了新闻的真实性与情感冲击，也为用户带来更深层次的信息理解。未来，随着技术的进步，VR 新闻可能会融入更多的实时交互元素，进一步缩短信息传播与用户感知之间的距离。

（二）AR 广告与内容创作

AR 技术在广告和内容创作领域展现出巨大的潜力。通过智能手机或 AR 眼镜，用户可以在现实场景中看到虚拟物体的叠加信息，如广告产品的 3D 模型或与现实环境交互的广告元素。这种广告形式在零售、旅游、汽车等行业中已经开始应用，为品牌创造了更具吸引力的传播方式。例如，用户在街头看到广告时，使用手机扫描广告牌，可以立即看到该品牌产品在现实中的虚拟展示效果，甚至可以"试穿"虚拟运动服装。未来，AR 技术将进一步与社交媒体和购物平台深度融合，使用户能够边逛边买，实现线上线下的无缝体验。通过 AR 广告，品牌不仅可以提升用户的参与感，还能收集更多用户偏好数据，进一步优化内容创作与传播策略。

（三）沉浸式娱乐与互动式教育

VR 和 AR 在娱乐和教育领域的应用极具潜力，打破了传统的娱乐和学习模式。在娱乐领域，VR 技术可以提供完全沉浸式的虚拟世界，让用户真正融入游戏或电影的情节中。相比于传统的屏幕体验，VR 游戏让用户能够与虚拟角色互动，甚至改变剧情走向，增加了娱乐的趣味性和参与感。悉尼足球体育场推出了一款增强现实体验，为用户提供一个交互式的体育场预览（见图 4-1）。AR 技术利用俱乐部徽章幻化出体育场，再通过门户网站将其生动地呈现给用户。用户可以查看全新的体育场功能，查看当地的最新地图，并探索新体育场的里里外外。该设计通过增强现实技术精准展示体育馆，为球迷提供了一个访问简单且互动性强的体验，让球迷看到通常只有参与体育场建设的人才能看到的设计元素。

（四）沉浸式购物体验

随着 VR 和 AR 技术的进步，线上购物也迎来了沉浸式体验的升级。通过 AR，用户可以将虚拟商品展示在自己家中，提前预览购买的效果。例如，消费者可以通过 AR 技术将家具的虚拟模型放置在家中的实际位置，观察其与家居环境的协调性，帮助用户做出更明智的购买决策。此外，VR 技术还可以用于创建虚拟购物中心，用户可以在虚拟空间中观赛、购物。沉浸式体验将线上与线下的界限逐渐模糊，使得消费者能够更好地感受商品，从而推动电子商务的创新发展。

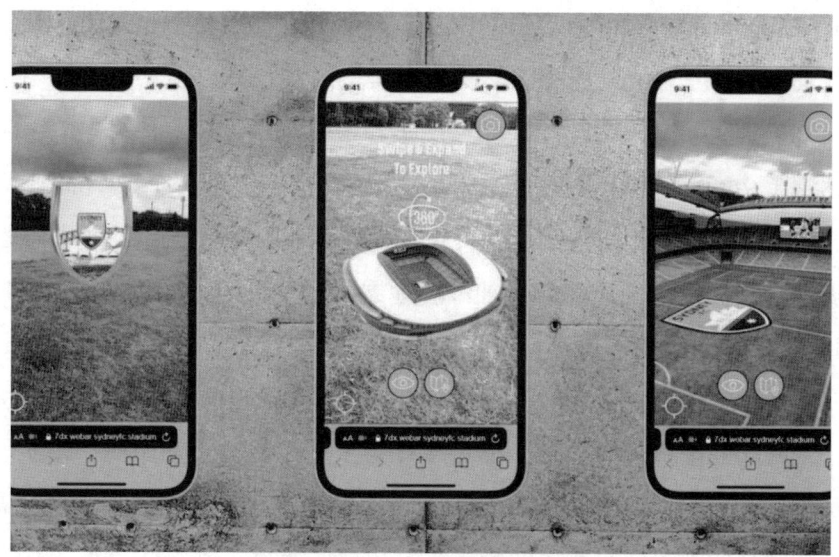

图 4-1 悉尼 AR 足球体育场

2023 年环法自行车赛及女子环法自行车赛（Femmes avec Zwift）建立了数字孪生，即把体育比赛中所有现实中存在的事物均转化为数字副本。技术方表示，通过这套数字孪生模型，他们建立起"全球最大的互联体育场"，全球的体育迷都可以跨越时空界限进入数字体育场，虚拟购物、观赛将成为现实。

三、5G 与物联网的无缝连接

5G 与物联网的无缝连接将深刻改变媒介行业的运行模式和用户体验，带来前所未有的创新机遇。5G 技术的超强速传输能力和低延迟特性，将媒介传播的实时性和互动性提升到全新的高度，特别是在超高清视频、虚拟现实等领域的应用中。与此同时，物联网的广泛应用也使得媒介的传播不再局限于传统的屏幕，而是能够深入融入人们生活的每一个角落，创造更加智能化和个性化的媒介环境。

（一）实时互动与超高清视频

5G 技术的高带宽和超低延迟特性将极大地改善媒体内容的传输和呈现效果。借助 5G 网络，用户将能够享受超高质量的多媒体内容，包括 8K 超高清视频、360 度全景视频及沉浸式虚拟现实和增强现实体验。8K 分辨率的视频效果达到了 7680×4320 像素，这样的技术不仅能捕捉到每个微小的细节，如汗珠、肌肉的运动轨迹，甚至运动员在高强度运动中的微表情变化都能使其纤毫毕现。这种极致的画质能够更加细腻地展示运动员的力量美和身体控制力。8K 超高清视频的应用不仅满足了观众对高质量内容的需求，也为运动员的品牌推广和形象塑造提供了更加有力的工具，使运动员形象更具视觉冲击力和吸引力；沉浸式的虚拟现实和增强现实体验能够让观众"置身"于运动场上，与运动员的表现"零距离"接触。观众通过 VR 设备观看运动员训练或比赛时，能够从运动员的视角感受赛场的紧张氛围和高强度的运动节奏，进一步拉近运动员与观众之间的情感距离。

（二）智能媒介设备的普及

物联网技术与 5G 网络的结合，使得各种智能设备能够无缝接入互联网，形成一个高度互联的媒介生态系统。智能音箱、智能电视、智能手机等设备将成为用户接触媒介内容的主要渠道，甚至连冰箱、洗衣机等家用设备也可能通过智能化改造，成为信息传播的一部分。用户将不再受限于单一的设备或固定的场所，而是可以随时随地访问信息。这种"无处不在"的媒介体验意味着，未来的媒介将深入生活的各个角落，为用户提供高度个性化的内容推送和服务。例如，用户在家中可以通过智能音箱收听新闻，在商场购物时通过智能设备获取个性化的商品推荐信息等。在卡塔尔世界杯期间，比赛用球内置了中央芯片，该芯片采用了 CTR-CORE 技术，能够以每秒 500 次的速度记录足球运动相关数据。这种芯片系统不仅能够追踪球员触球的情况，还能通过惯性测量单元（IMU）传感器收集高精度的球运动数据，并实时传输给裁判端。

（三）数据驱动的媒介互动

物联网设备通过传感器、摄像头、麦克风等多种方式实时采集用户的行为数据和使用习惯，形成精确的用户画像。这些数据对于媒介行业来说是一笔巨大的财富，能够帮助公司更加精准地了解用户的需求，进而定制个性化的内容和广告投放策略。与传统的媒介传播模式不同，5G 和物联网的结合使得内容传输更加灵活、智能，用户体验也更加流畅。例如，当用户在智能电视上观看一部体育电影时，系统可以通过分析用户的观看历史、喜好和当前情境，自动推送相关的电影或广告内容，实现高度精准的个性化推荐。同时，用户的反馈可以实时传回服务器，帮助内容提供者不断优化内容和服务，形成一个闭环的"无缝传播"模式。

随着 5G 与物联网技术的深入发展，媒介行业将逐步实现从信息传递向智能化、个性化服务的转变。用户不再只是被动接收信息，而是可以通过各种设备、场景与媒介进行互动，甚至通过人工智能和大数据分析预见性地获取符合其需求的内容和服务。这不仅为用户带来了更加丰富多彩的生活体验，也为媒介行业提供了更多创新的可能性。5G 和物联网的结合将进一步催生出更多前沿的应用场景。在 2023 年美国高尔夫球大师赛上，IBM 为比赛新增了两项 AI 赋能的新功能——人工智能生成式语音评论功能和逐洞球员预测功能[1]（见图 4-2）。

---

[1] IBM 为大师赛提供生成式 AI 评论与逐洞球员预测的数字新体验［EB/OL］.（2023-04-11）［2024-11-25］. https://baijiahao.baidu.com/s?id=1762843943528012816&wfr=spider&for=pc.

图4-2　IBM为大师赛提供人工智能生成式语音评论与逐洞球员预测的数字新体验

  人工智能生成式语音评论是一个人工智能生成式评论解决方案，它在大师赛广受欢迎的 MyGroup 功能上进行了扩展，让使用大师赛数字平台的客户不仅能够观看他们所有喜爱的球员在每个洞前的每一杆击球，还可以听到人工智能生成式语音评论解决方案在比赛过程中为 20,000 多个视频片段制作的详细的高尔夫比赛解说。而对于逐洞球员预测来说，为了预测整个锦标赛中每个洞的球员得分，IBM Consulting 运用 IBMWatson Studio 上的 AutoAI 功能，采用六年的大师赛数据（超过 120,000 次高尔夫球击球）训练 AI 模型。在球员完成一个特定的洞后，逐洞预测会被更新，以反映球员的最新表现。新解决方案扩展了广受欢迎的"球员洞察（Players Insights）"和"大师赛梦幻预测（Masters Fantasy Projections）"功能的预测性智能，该功能通过数据分析挖掘每个高尔夫球手值得关注的精彩球洞，统计所有球手的最高得分和最低得分，并对每轮大师赛的梦幻积分进行预测。这些技术推动媒介传播和粉丝互动进入一个全新的时代。

第二节　新兴媒介形式与内容消费变迁

一、短视频与互动视频的崛起

短视频平台的迅速崛起已经彻底改变了人们的内容消费习惯，尤其是在数字化普及的当下。其便捷、碎片化的特点使得短视频在全球范围内备受欢迎，尤其在年轻人中，这种形式的媒介几乎成了生活中的一部分。短视频时长通常为几秒到几分钟，满足了现代人快节奏的生活方式。同时，平台的智能推荐算法确保了用户可以在短时间内接收到与自己兴趣高度匹配的内容，这进一步提升了用户的留存率和参与度。

互动视频的出现为短视频带来了新的创新点。通过让用户在视频播放过程中做出选择或参与到故事发展中，互动视频增强了用户的沉浸感和控制感。这种新的媒介形式提供了更多个性化、互动的选择，打破了传统的单向传播模式，使受众成为内容体验的参与者。随着技术的发展，互动视频的创作门槛不断降低，不仅为观众提供了更高的参与感，也使品牌广告、娱乐节目等得以更有效地吸引和留住观众。

短视频平台的蓬勃发展在很大程度上依赖用户生成内容（UGC）。在传统媒介环境中，内容的生产通常由专业机构和人员主导，然而 UGC 的崛起打破了这一垄断格局，使普通用户也能够成为内容的创造者和传播者。如今，任何一个人只需借助智能手机便能拍摄、编辑并上传视频，直接与全球观众分享自己的创意和观点。这种方式不仅大大提升了用户的参与度和自主性，也改变了传统内容生产的模式，极大地丰富了内容生态。

与此同时，短视频平台通过提供各种编辑工具、滤镜和音乐资源，降低了创作门槛，激发了大量业余创作者的热情。平台的分发机制则通过算法推荐，使优质内容能够迅速获得关注，形成了一个自下而上的内容分发体系。这种 UGC 驱动的模式不仅增强了平台的活跃度，还推动了内容创作的多元化和用户创造力的释放。

二、播客与音频媒介的多元化发展

在视觉内容迅速崛起的同时，音频内容的消费也在稳步增长，尤其是在播客、音频新闻及有声书等形式上，音频媒介已逐渐成为人们日常信息消费的重要组成部分。播客因其内容多样化、深度讨论的特点，吸引了大量渴望获取专业知识、深度见解的听众。音频内容的便捷性使其适合在通勤、锻炼等碎片化时段里使用，这种"伴随式"消费场景满足了现代人高效利用时间的需求，同时也能够建立更深的用户连接。

与短视频和互动视频相比，音频媒介的另一大优势在于其能够提供长时间、沉浸式的陪伴。播客节目可以深入探讨某一主题，用户可以在碎片化的信息洪流之外找到稳定、连续的内容消费体验。这种长时间的聆听不仅可以提高用户的忠诚度，也使得播客主与听众之间形成了更紧密的情感联系。

音频内容的多元化和细分化将成为发展趋势。随着 AI 技术的发展，个性化的音频内容生成将成为可能。例如，通过 AI 算法，可以为每个用户定制符合其兴趣的播客内容，甚至自动生成个性化的新闻播报。此外，AI 还可以帮助提供多语言即时翻译，使得音频内容能够跨越语言障碍，进一步扩大其受众基础。这些技术的应用将大幅度扩展音频内容的消费场景，使其覆盖更多领域和用户群体。

三、社交媒体平台的进化

随着技术的不断进步及用户需求的演变，未来的社交媒体功能将更加多元化，并在各个领域实现深度融合。社交平台不仅仅是信息分享的工具，它还将逐步演变为一个多维度的生态系统，覆盖电商、社区互动、隐私保护等多个方面，为用户提供更加丰富的体验。

（一）内容电商化：社交与消费的深度融合

随着社交媒体与电子商务的结合日益紧密，未来"社交+电商"的模式将成为平台运营的常态。用户在社交媒体上不仅消费信息和内容，还可以直接进行购物，实现信息消费与物质消费的无缝对接。通过在短视频、图片、直播等内容中嵌入购买链接，用户可以在观看内容的同时一键下单，打通从内容到购物的闭环，极大地提升购物体验的便捷性。

这一趋势不仅改变了电商平台的运营模式，也让社交媒体成为商家营销和销售的重要渠道。品牌和个人卖家可以通过社交媒体的广泛用户基础，直接触及目标客户群体，进行精准的产品推荐和促销。此外，社交媒体与电商的结合还带动了"网红经济"的兴起，用户通过观看社交平台上内容创作者的产品推荐视频，直接参与购物，从而进一步推动了社交媒体内容的电商化。

（二）增强互动性与社区感：虚拟空间中的深度连接

未来的社交媒体不仅仅是信息传播和消费的场所，互动性和社区感将成为其重要的核心功能之一。平台内容将更加注重用户之间的互动性，提供多种形式的交流工具和互动体验，让用户不仅仅是被动的内容消费者，而是成为社交网络中的活跃参与者。评论、点赞、分享等基本互动功能将进一步丰富，加入实时聊天、群组讨论、虚拟活动等功能，使用户之间的联系更加紧密。

虚拟社区和兴趣小组将成为用户深度互动的重要场所。在这些虚拟空间中，用户可以基于共同的兴趣或需求聚集在一起，进行深入的讨论和互动。无论是关于游戏、健身、学习方面的交流，还是关于生活方式的讨论，虚拟社区为用户提供了一个共享兴趣和意见的空间。这种社区感的增强不仅能提升用户的黏性和平台活跃度，还可以为用户创造更强的归属感，让他们在社交媒体上找到"同类"。

虚拟现实和增强现实技术的进一步发展将使社交平台的互动性达到新的高度。未来，用户可以通过虚拟形象参加在线活动，参与虚拟社区的互动，甚至在虚拟空间中举办会议、派对等活动。这些新兴技术将为社交平台的用户提供沉浸式更强的体验,进一步模糊线上与线下互动的界限。

(三)隐私与算法透明度:信任与平台发展的关键

用户对隐私问题的关注日益提升,社交媒体平台在未来将面临更大的压力,要求它们在保护用户数据隐私和透明化算法使用方面做出更多努力。用户对个人数据如何被收集、存储和利用有了更高的期望,特别是在广告推送和内容推荐的过程中,平台算法的工作机制需要更加公开透明,以便用户能够清楚地了解其数据如何影响了他们看到的内容。

如何在商业模式和用户隐私之间找到平衡,将成为未来社交媒体发展的关键问题。社交平台依赖广告收入,而广告的精准投放又高度依赖用户数据,因此隐私保护和数据利用之间的矛盾尤为突出。未来的社交媒体将需要在保障用户隐私的同时,继续为广告主提供有效的投放策略。这可能包括赋予用户对其个人数据使用的更多控制权,如允许用户选择是否同意数据被用于广告定向,以及为用户提供清晰的隐私设置选项。

此外,平台的算法透明度将成为影响用户信任的重要因素。用户越来越希望了解平台如何通过算法影响他们看到的内容,尤其是在信息传播和社交互动日益依赖这些算法的时代。社交媒体平台应增强平台的透明性,以获取用户的信任。

第三节 元宇宙

随着科技的飞速发展,媒介的未来面临着前所未有的变革。元宇宙作为当下技术与媒介相结合的前沿概念,正引领着新一轮的媒介革命。元宇宙不仅代表虚拟世界和现实世界的融合,还为内容创作、互动体验及社交等领域带来了前所未有的可能性。作为媒介发展中的一个重要趋势,元宇宙正在改变信息传播和用户互动的方式,预示着一个高度沉浸、数字化的未来。

一、元宇宙的概述

（一）元宇宙的起源

元宇宙的概念最早来自科幻小说，指的是一个与现实平行的虚拟世界。虽然这一概念起源于文学作品，但随着技术的发展，元宇宙逐渐从科幻走向现实，成为科技界和媒介领域讨论的焦点。

元宇宙可以理解为一个虚拟空间的集合，用户可以通过虚拟现实、增强现实和混合现实（MR）等技术在其中进行沉浸式互动。元宇宙不仅是虚拟的延展空间，它融合了虚拟与现实，创造了一个"超越宇宙"的新维度。在这个虚拟的世界里，用户可以工作、社交、娱乐、教育等，实现数字生活的无限延伸。

（二）元宇宙的特征

元宇宙作为虚拟与现实世界融合的数字生态系统，拥有独有的特征，这些特征不仅构成了元宇宙的基本框架，也推动其在各个领域的应用，为用户提供了超越现实的体验与互动方式，展现出高度沉浸、灵活、开放的未来场景。

1. 沉浸感与虚拟现实

元宇宙通过虚拟现实和增强现实技术，提供高度沉浸式的体验，使用户可以"身临其境"地进入虚拟世界，与虚拟环境进行深度互动。VR技术使用户能够完全置身于一个全新的虚拟环境中，感受到仿佛真实存在的互动与体验，而AR则将虚拟元素叠加在现实场景中，让用户在现实中感知虚拟物体。这种沉浸感使得元宇宙中的虚拟场景不再仅仅是视觉上的呈现，用户能够通过感官体验和行为操作，真正参与到虚拟世界的各类活动中。

元宇宙的沉浸感还得益于其他技术的结合，如触觉反馈、3D音效，甚至是对嗅觉和温度等感官体验的模拟，使虚拟环境的细节更加逼真。这种全面的沉浸式体验将极大改变用户与媒介内容的互动方式，不仅适用于娱乐和游戏，还可以应用于教育、医疗、职业培训等多个领域。

2. 持久性与互动性

元宇宙是一个持续运行的虚拟空间，用户可以在其中进行实时互动，不受时间或空间的限制。与传统的数字内容不同，元宇宙并非一个静态或一次性的虚拟空间，它是一个持续运行的世界，用户无论是否在线，元宇宙中的环境和互动都不会停止。这个持久性的特点确保了元宇宙具有与现实相似的时间流逝感，用户可以随时进入其中继续先前的活动，或参与到新的事件中。

在元宇宙中，不受时间和空间的限制，用户可以与世界各地的其他用户进行即时的交流和合作。元宇宙中的互动不限于社交，还包括经济交易、协同工作、虚拟娱乐等多种形式。无论是一起参与虚拟活动，还是在虚拟市场中进行物品交易，这些互动都以即时、同步的方式进行，使得元宇宙的社交、娱乐、生产活动与现实世界无缝衔接。

3. 开放性与可操作性

理想中的元宇宙是一个开放的生态，具有强大的可操作性。它允许不同平台之间的无缝连接和交互，使用户能够携带他们的数字身份、资产和经验，在多个虚拟世界中自由穿梭。这种开放性确保了元宇宙的多元化发展，每个独立的虚拟世界不仅可以成为一个独立的存在，还能够融入一个更大、更广泛的元宇宙生态中。开放性使得用户可以拥有更强大的控制权，他们不仅可以自由地创建和定制自己的虚拟人物，还能够将其虚拟身份和虚拟资产带入不同的虚拟平台中使用。

4. 虚拟经济与数字资产

元宇宙包含一套完整的虚拟经济体系，通过区块链技术，元宇宙中的用户可以拥有独立的虚拟资产，并在虚拟世界中进行交易、投资和商业活动。这种虚拟经济不仅仅是传统数字货币的延伸，而是一个包含数字资产、虚拟产权、虚拟服务的完整经济系统。区块链技术在元宇宙中扮演着重要角色，它为虚拟财产提供了去中心化的管理机制，确保用户对数字资产的所有权和交易的透明性。

此外，元宇宙中的虚拟经济不仅限于娱乐领域，还可以扩展到工作、教育等领域。例如，用户可以通过在虚拟工作空间中进行协同工作获得虚拟收入；虚拟教师可以在元宇宙中的教育平台上提供课程，并通过虚拟货币进行收费。这种虚拟经济的多样性和灵活性为用户创造了全新的收入方式。

二、元宇宙在媒介领域的应用

元宇宙的兴起为媒介行业带来了革命性的变化，不仅拓展了内容创作的边界，还赋予了用户更多的参与感和互动方式。元宇宙通过虚拟现实、增强现实及人工智能等先进技术，改变了传统的媒介内容生产与消费模式，推动了新闻、娱乐、社交等媒介形态的转型和升级。

（一）媒介内容的沉浸式体验

元宇宙的一个显著优势在于为媒介内容的创作和呈现提供了前所未有的沉浸式体验。在传统媒介中，新闻报道、电影、电视节目等内容大多依赖二维的平面展示，而在元宇宙的虚拟环境中，这些内容能够以三维空间呈现，用户可以"进入"场景，获得前所未有的互动体验。

新闻报道不再仅仅是图片或视频的展示，用户可以以虚拟形象的方式亲自"到达"新闻事件的发生现场，观察每一个细节，甚至通过互动来获取更多的信息。例如，用户可以进入一个虚拟的新闻现场，亲历自然灾害、战争或政治事件的发生，感受新闻的真实性和紧迫感。这种沉浸式体验使得新闻报道不仅是信息的传递，还是情感的参与，增加了新闻事件的真实感和共鸣。

在娱乐领域，元宇宙为用户带来了全新的互动娱乐形式。虚拟演唱会、展览、体育赛事等可以在虚拟世界中进行，观众不再囿于地理位置的限制，能够从全球任何角落实时参与活动。例如，用户可以通过虚拟形象参加全球虚拟演唱会，与其他观众一起互动和欢呼，享受近乎真实的表演体验。虚拟展览也让观众可以"走进"三维空间的展厅，观赏艺术品的细节，甚至与虚拟的艺术家进行交流。这些沉浸式体验使得媒介内容更加丰富多样，也极大提升了用户的参与度。

（二）个性化内容创作与分发

元宇宙的另一个重要特征是其个性化内容创作与分发的潜力。在传统媒介环境中，内容生产往往由专业团队主导，受众的参与度较低。而在元宇宙中，内容的创作不再仅限于专业人士，用户同样可以成为内容的创造者和传播者。

借助 AI 技术和用户生成内容平台，元宇宙中的每个用户都可以轻松创建自己的虚拟世界或虚拟物品。例如，用户可以设计个性化的虚拟房屋、衣物、车辆，甚至可以创建完整的虚拟环境，如虚拟学校或工作场所。这种低门槛的创作工具使得内容生产的去中心化成为可能，大量丰富多样的创意内容涌现，极大地丰富了媒介的表达形式。

同时，元宇宙中的智能算法推送机制能够根据用户的偏好、行为习惯、历史互动记录等信息，进行精准的内容推荐。例如，当用户在元宇宙中浏览或参与某类活动后，算法会自动推送与之相关的其他内容或活动，这种个性化推荐极大提升了用户的体验感和内容的相关性。此外，元宇宙中的内容分发也更加灵活，用户不再仅仅依赖平台的分发，而是可以通过社交网络、虚拟社区等多种方式自主分享和传播内容，使信息传递更具个性化和互动性。

（三）社交与互动的变革

元宇宙使社交与互动也产生了深刻的变革，颠覆了传统的社交媒体模式。借助虚拟现实和增强现实技术，元宇宙为用户提供了更加丰富、沉浸式的互动方式。在元宇宙中，用户不再仅仅是通过文本、图片或视频进行交流，而是可以通过虚拟形象在虚拟世界中进行实时交互，模拟现实中的面对面交流。

这种社交形式打破了现实中的地理和语言障碍，用户可以在虚拟空间中与来自全球各地的用户进行互动，参与各种虚拟活动，如虚拟会议、派对、游戏、教育课程等。虚拟形象使得用户在互动中更加自然和富有表现力，增强了社交的真实感。例如，在一个虚拟工作会议中，用户可以通过虚拟人物与同事进行面对面的交谈，这种互动不仅更加便捷，也提高了远程工作的效率。

此外，元宇宙中的社交平台还增强了用户之间的社区感和归属感。虚拟社区、兴趣小组、虚拟社交场所等在元宇宙中将更加普遍，用户可以根据兴趣、职业、生活习惯等在虚拟世界中建立深度互动的社区。在这些虚拟空间中，用户可以随时随地与志同道合的人进行深度互动，参与虚拟活动、讨论热点话题，甚至共同创作虚拟内容。这种社区感的增强极大丰富了用户的社交体验，也使得元宇宙中的社交互动变得更加多元化和个性化。

三、元宇宙带来的机遇与挑战

（一）元宇宙带来的机遇

1. 媒介内容的创新

元宇宙为媒介带来了前所未有的创作自由和可能性。传统的媒介内容生产方式受到平面展示和现实场景的限制，而元宇宙通过虚拟现实和增强现实技术打破了这些局限。虚拟娱乐活动在元宇宙中的应用为内容创作者提供了广阔的创新空间。虚拟比赛、虚拟演唱会、虚拟电影首映，甚至是虚拟艺术展览等，都能够以更加灵活和互动的方式吸引全球观众。

耐克在其世界杯广告 *Footballverse*（《足球元宇宙》）中，通过幽默的方式展示了姆巴佩、罗纳尔迪尼奥和 C 罗等足球明星在元宇宙中的对决，这不仅展示了元宇宙技术在体育营销中的应用，也增强了品牌与消费者之间的互动。

英特尔为四位篮球运动员打造了超写实的数字人形象，并在元宇宙中还原其比赛动作，以增强比赛的真实感。这种技术的应用不仅提升了比赛的观赏性，也为运动员提供了新的展示平台（见图4-3）。

图4-3　英特尔元宇宙扣篮大赛主赛场

元宇宙还将重塑内容创作的方式。创作者可以在虚拟世界中自由创作，利用虚拟场景、虚拟道具和角色，创造出更加丰富、复杂的故事情节和多维度的内容形式。内容传播的方式也更加多样化，通过用户的虚拟体验和互动，内容可以被不断更新和演变，实现长效传播。

2. 经济模式的多样化

元宇宙中的数字资产和虚拟经济系统，为媒介行业带来了全新的盈利模式。在元宇宙中，虚拟商品、虚拟地产、虚拟服务等构成了一个完整的虚拟经济生态，内容创作者、品牌和公司可以通过出售虚拟商品、投放广告和举办虚拟活动等获取收益。例如，品牌可以在元宇宙中创建虚拟商店，用户可以购买品牌的虚拟商品用于装饰虚拟形象，甚至可以购买虚拟地产作为投资。波士顿马拉松通过虚拟注册、商品销售和赞助商合作等方式创造了收入；NHL（国家冰球联盟）通过出售位于球场玻璃后面的数字库存位置来增加收入，这种虚拟广告技术为体育赛事带来了显著的收益；Sorare 是一款基于区块链的足球链游，玩家可以通过收集、交易和管理虚拟球员卡牌来组建球队，并为球员和俱乐部提供新的收入来源。这种虚拟经济的兴起为媒介行业提供了新的商业机会和利润来源。此外，虚拟活动也为品牌和创作者带来了新的盈利模式。

这种多样化的经济模式不仅为媒体公司和品牌提供了新的收入来源，也为独立内容创作者创造了全新的经济机会。个人创作者可以通过在元宇宙中创建虚拟内容、物品或环境，并通过销售或租赁这些虚拟资产获取收入。虚拟经济与现实经济的融合，将推动一个全新的创意产业和经济形态的诞生。

3. 教育与文化传播的革新

元宇宙给教育和文化传播领域带来了革命性的变革。传统的教育方式往往受囿于时间、空间和资源的限制，而元宇宙通过虚拟课堂、虚拟实验室及沉浸式学习环境，为教育提供了全新的可能性。在元宇宙中，学生可以通过虚拟现实设备"进入"历史场景、科学实验室或文化遗产地，进行沉浸式学习。这样的体验不仅打破了传统教室的空间限制，还能够为学生提供更生动、具体的学习体验，增强学习效果和兴趣。

虚拟博物馆和文化展览也是元宇宙在文化传播领域的典型应用。通过虚拟博物馆，用户可以参观全球各地的展品，而不必亲自前往现场。虚拟展览还可以加入互动元素，观众不仅可以观赏艺术作品，还可以通过虚拟导游、专家讲解等方式深入了解艺术背后的故事。元宇宙使文化传播的形式更加丰富多样，让教育和文化的普及变得更加便利和具备沉浸性。

（二）元宇宙带来的挑战

1. 技术门槛与基础设施

构建并维持一个大规模、无缝连接的元宇宙需要强大的技术支撑，尤其是计算能力、网络带宽和虚拟现实设备的普及。目前，虚拟现实和增强现实技术虽然取得了显著进步，但要真正实现大规模的沉浸式元宇宙体验，仍需要克服许多技术障碍。比如，当前的 VR 设备价格较高，用户的普及率相对较低，且长时间佩戴可能导致疲劳或不适，这些都限制了元宇宙的用户群体规模。

此外，构建一个无缝连接、能够支持数百万甚至数亿用户同时在线互动的元宇宙，也需要高效的网络基础设施支持。5G 技术虽然为大规模实时互动提供了可能，但全球范围内的 5G 网络尚未完全普及，因此要实现元宇宙的广泛应用，全球网络基础设施的进一步升级和虚拟设备的普及将是关键。

2. 隐私与数据安全

元宇宙中存在大量的用户数据、虚拟资产及复杂的虚拟交易系统，这使得隐私保护和数据安全成为至关重要的议题。用户在元宇宙中的每一个动作、购买行为、社交互动等都会被记录和分析，这些数据的处理和存储如果没有完善的安全保障，极有可能面临泄露或被滥用的风险。尤其是在虚拟资产交易盛行的背景下，数据泄露的风险更加显著。

元宇宙中的虚拟资产，尤其是基于区块链技术的数字资产，已经具有了实际的经济价值。因此，确保这些虚拟财产的安全性至关重要。如果用户的虚拟财产被盗或交易受到攻击，将严重影响用户对元宇宙的信任。如何在一个去中心化的虚拟世界中确保交易的透明性和安全性，以及保护用户的隐私数据，是元宇宙发展必须解决的关键问题。

3. 虚拟世界的监管

元宇宙作为一个新兴的数字生态系统，其中的虚拟资产所有权、虚拟经济的交易规则及用户在虚拟世界中的行为规范，都需要通过法律和道德框架加以界定和管理。然而，虚拟世界与现实世界之间的界限模糊，这向现有的法律体系提出了新的挑战。例如，虚拟财产的确权问题、虚拟世界中的知识产权保护及虚拟货币交易的合法性都尚未有清晰的法律界定。

此外，元宇宙中用户的行为规范也需要进一步探索和规范。在一个高度自由、去中心化的虚拟世界中，如何确保用户之间的互动遵循基本的道德规范，防止虚拟欺凌、网络犯罪和不当行为，是需要元宇宙开发者、监管机构和社会共同解决的问题。随着元宇宙逐渐融入现实社会，其治理和监管框架也需要不断更新和完善，以确保其健康、可持续发展。

第五章　媒介形象与传播路径

第一节　媒介形象的内涵

一、媒介形象

媒介形象，即 mediated image，包括两层含义：第一，定义了"形象"本身是作为"介质"存在的；第二，定义了"形象"是通过"媒介"存在的。"形象"本身作为"介质"存在，意味着媒介形象横亘在人与真实的生活世界之间，构成对于生活世界的遮蔽。人们不得不透过媒介形象体系来观察世界，从而取代了人们在生活世界的直观经验[①]。也就是说，媒介形象是媒体在选择、加工和呈现信息过程中塑造的结果，并非对现实的完全反映，是经过符号化和叙述化处理的产物。"形象"是通过"媒介"来进行塑造的，这意味着媒介形象成为一个强大的调节器，它在社会中起到了连接作用：调节个人与群体、经济与政治之间的认知和情感联系，媒介形象就像一面镜子，把社会各种需求和期待作为焦点，体现为集体的想象和认同。近年来针对某类群体媒介形象的研究逐渐增多，运动员作为一个特殊群体，越来越受到关注。运动员媒介形象不仅是一个人的符号，而且成为国家叙事和文化输出的重要载体，承载着巨大的社会期待和集体情感。

---

① 吴予敏.论媒介形象及其生产特征[J].国际新闻界，2007（11）：51-55.

二、媒介形象的特征

媒介形象的形成与传播受到多种因素的影响，因而展现出一些显著特征，包括选择性、符号化、定型化和动态性。每个特征都在媒介形象的表达方式及其在公众心中的形象塑造中起着深刻的作用。

（一）选择性

选择性是媒介形象的核心特征之一，指媒体在信息呈现时的筛选和编排。受限于时间、空间和资源，媒体无法囊括每个事件的所有细节，必然会有选择地呈现某些信息，而忽略其他内容。媒体的选择性处理直接决定了事件或人物被呈现的特定形象。在新闻报道中，媒体可能会着重呈现某些细节以突出特定角度。

选择性的信息呈现常常引导舆论，媒体通过集中展示某些细节而淡化或回避其他内容，形成对事件或人物的特定印象。这种选择性报道影响着公众对事件重要性和紧迫性的判断。比如，某些社会问题被媒体频繁报道，公众的关注度便会提高，进而促使社会舆论要求采取措施。

选择性的媒体呈现会导致受众在无意间形成偏见。由于受众在信息获取时依赖媒体，而媒体的选择性呈现难以全面反映事件的全部内容，因此受众的认知往往带有媒体立场的色彩，甚至逐渐接受某些刻板印象和偏见。

（二）符号化

媒介形象往往通过符号化的方式呈现，将复杂的概念或事件转化为简洁、易懂的符号或标签。在符号化过程中，媒介将特定特征突出，使其成为形象的象征，方便受众快速理解和记忆。符号化不仅提升了媒介形象的传播力，使形象更便于流传，而且让复杂的人物、事件或概念得以简化为特定的标识或象征。

通过使用特定的符号或标签，媒介能够有效地引导受众情绪，使形象的情绪传递更加直接、便捷。符号化的媒介形象通常具备极强的传播能力，使形象在公众心中更清晰、固定。这种符号化带来的简洁易记性，往往形成了"标签效应"，使得媒介形象更具影响力和记忆点。

（三）定型化

定型化，也称刻板印象，是媒介形象的一个显著特征。尤其在描述特定群体或文化时，媒介形象往往伴随着既定的刻板印象，这种简化处理在突出某些特征的同时，忽视了个体的多样性和完整性。通过不断重复的描绘，定型化逐渐形成，使公众对这些群体产生固定的认知偏见。

定型化使特定角色或形象反复出现在各类媒介中，甚至成为影视、广告中的经典模式。比如，有些媒体对某些性别、文化进行刻板化的描述，以便于构建简单的叙事情节，但也因此造成了对群体或文化的单一化理解，进一步加深社会偏见。

这种定型化的形象往往强化了受众的既有偏见。通过为某些群体或个体贴上负面的固定标签，媒体无意中影响了公众的观念，加剧了公众对特定群体的不公正看法。一旦这些负面形象深入人心，往往会固化在公众认知中，很难被轻易改变。

（四）动态性

媒介形象并非固定不变，而是随着时代、媒体技术和公众认知的变化而不断调整。其动态性赋予媒介形象高度的适应性，使其能够随着社会环境和技术的进步而更新，呈现出新的特征和内涵。随着社会价值观的改变，媒体会逐步调整其形象的呈现方式。

在数字媒体和社交媒体的推动下，媒介形象的碎片化和即时性特征更加明显。例如，某些人物或事件的形象可能会因一条"热帖"或一段短视频迅速发生反转，这使得媒介形象的动态性显著增强。

这种动态性也体现在历史事件的形象再现上。特定事件在不同时期可能被重新诠释，其形象随着社会意识的变化而调整，使得媒介形象在时间的维度上具有流动性。

第二节　媒介形象的传播路径

随着数字媒体的崛起，传统主流媒体、社交媒体、自媒体及短视频平台已成为传播媒介形象的多样化渠道。

一、主流媒体的形象传播模式

在媒介形象传播中，主流媒体（如电视、报纸、广播等）扮演着重要角色，凭借其较高的可信度和权威性，广泛影响着公众对人物、群体和事件的认知。

（一）中心化传播

主流媒体以中心化的传播模式为核心，通过自上而下的方式将信息传递给受众。凭借其公信力和长期积累的权威性，受众通常被动接受主流媒体传递的媒介形象，对其内容的信任度也较高。在信息发布和传播过程中，主流媒体处于中心节点位置，掌控着哪些内容能进入公共话语。这一模式使媒介形象能够快速覆盖广泛人群，并在短时间内引导公众对事件或人物的看法。

在传统媒体模式中，信息传播主要是单向的，受众的反馈渠道有限。因此，媒介形象的构建和传播基本由主流媒体主导，受众的理解往往依赖媒体的诠释，从而难以形成多角度的认知。

（二）议题主导性

主流媒体在议题设置和内容筛选中占据主导地位，能够决定社会关注的焦点，并通过持续报道特定事件或群体来影响公众对相关问题的认知和态度。通过议程设置，主流媒体可以引导公众的注意力集中于某些社会议题。例如，当主流媒体密集报道一个环保问题时，公众对环境保护的关注度便会显著提升，从而形成一种"环保意识强烈"的社会氛围。

凭借一致的报道风格和议题选择，主流媒体能够在较长一段时间内塑造某一事件或群体的特定形象，对社会观念产生深远的影响。例如，主流媒体对某一行业（如科技行业）的正面报道，可能会强化该行业积极进取、创新不断的形象；相反，若媒体的报道多为负面内容，则可能导致公众对该行业的信任度下降。

二、社交媒体的二次传播与大众参与

社交媒体平台具有去中心化的特点，使受众既是信息的接收者，又是信息的传播者。这一特性增强了媒介形象塑造的互动性和多样性，带来了全新的传播模式，同时也使舆论环境变得更加复杂。

（一）二次传播的特点

与传统媒体的中心化传播不同，社交媒体的信息传播路径是分散的，信息的传播不再依赖中心节点。任何用户都可以发布或转发内容，这使得信息的扩散范围更广、速度更快。

社交媒体用户在传播过程中不仅可以转发内容，还可以加入个人解读。这种解读可能强化、修改或质疑原有的媒介形象，使形象在二次传播过程中不断被重塑。例如，主流媒体关于某一事件的报道可能在社交媒体上引发不同解读，甚至形成与原报道截然不同的公众印象。

（二）大众参与的影响

社交媒体的互动性为受众提供了更多参与机会，使大众在形象传播中扮演着更加重要的角色。用户可以围绕特定形象展开讨论，通过评论、转发和互动来影响形象传播的方向。不同个体的解读在平台上交织，形成集体讨论，甚至可能左右舆论导向。例如，围绕某一事件的报道，用户的评论和讨论可能会改变公众对该事件的看法，甚至在一定程度上影响主流媒体的后续报道。

社交媒体上的点赞、转发等功能让内容的扩散更加便捷，特别是那些引发情绪共鸣的内容，更容易获得关注和广泛传播。当情绪化内容在社交媒体上形成共识时，便可能促成集体记忆的建立，从而强化某一形象在公众心中的地位。

三、短视频平台与自媒体对形象塑造的重构

短视频平台和自媒体的发展带来了媒介形象塑造的重构。在碎片化、情绪化和个性化的传播模式下，短视频平台和自媒体赋予了媒介形象即时传播的特质，同时也使其更易受算法和用户偏好的影响。

（一）短视频的碎片化传播

短视频平台的传播特征具有明显的碎片化倾向，内容的呈现方式通常是片段化的。短视频受时长限制，内容倾向于选择情感张力强的片段，吸引观众注意。这种碎片化的内容呈现方式会让受众对形象的理解片面化、情绪化，无法全面、理性地认识事件或人物。

短视频平台通过算法推荐，根据用户的观看历史、兴趣偏好进行精准推送，使内容传播更加个性化。然而这种推送方式也可能形成"信息茧房"，使用户只接触到符合自身偏好的形象，忽视其他维度的内容，从而削弱对形象的全面理解。

（二）自媒体的个人化表达

自媒体创作者在形象塑造过程中，通过个性化的视角和表达方式，为媒介形象带来了多样性。自媒体创作者往往带有个人视角和立场，使形象塑造更具个性化。例如，博主在讲述一则新闻事件时，会加入个人观点和情感，从而吸引与自己观点相符的受众群体，形成更为个性化的传播效果。

自媒体的内容通过关注、转发和评论在特定社群中传播，带有明显的社群效应。这种圈层传播能快速形成具有高度共鸣的小众社群，但也可能造成某些偏见和误解的传播。例如，某一自媒体博主的观点可能受到其粉丝群体的高度认可，从而在社群中强化特定偏见，使信息和形象的传播带有局限性。

媒介形象的塑造随着传播生态的演进呈现出立体化特征。不同形态的媒

介平台基于其传播特性，在形象构建过程中形成差异化的作用路径。这些传播模式并非孤立存在，而是通过跨平台内容流动、用户行为数据交互等方式形成协同效应。主流媒体的权威性背书为社交媒体传播提供可信度支撑，短视频平台的技术赋能反哺主流媒体内容创新，自媒体的个性化表达则在细分领域补充传播生态。这种多维度、多层次的互动关系，共同构建起全媒体时代媒介形象的复合传播模式。

第六章　运动员媒介形象建构的要素

为确保运动员媒介形象塑造方法具有扎实的理论依据，本书引用了市场营销中的品牌叙事理论，其中中国人民大学王菲的八芒星轮盘品牌叙事框架具有一定的指导意义（见图6-1）。运动员媒介形象的构建不仅依赖竞技成绩，还包括其个人经历、个性魅力及与粉丝的深度情感联系等，这与品牌叙事强调多元素整合高度契合。借助这个框架，从品牌叙事的角度为运动员的形象塑造提供清晰脉络，进而探讨如何通过独特的个人故事来增强运动员的品牌影响力，推动与粉丝的情感共鸣。

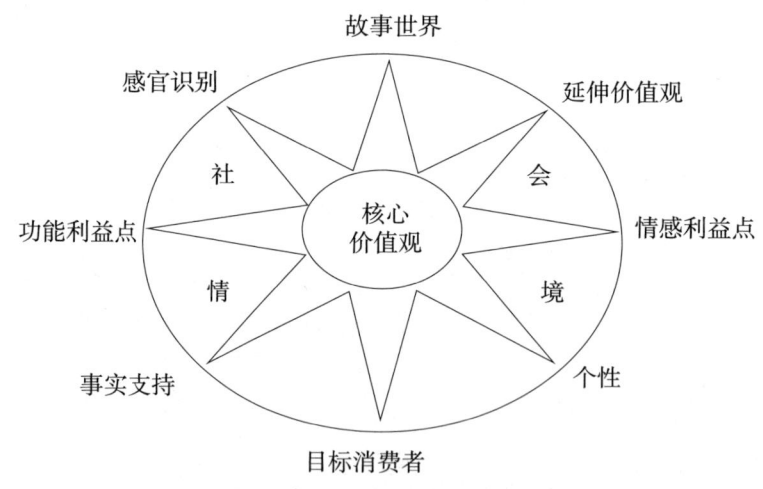

图6-1　八芒星轮盘品牌叙事框架

品牌叙事是以目标消费者为中心的自洽体系。品牌叙事的基本元素包括目标消费者、个性、情感利益点、功能利益点、感官识别和事实支持等，这些元素的中心是核心价值观[①]。从图 6-1 中可以看到，核心价值观位于八芒星中心，是品牌构建的灵魂，故事世界是对品牌叙事所产生结果的总述，外围圆盘代表社会情境，是品牌塑造的土壤、环境。

第一节　核心价值观和延伸价值观

一、价值观和核心价值观的概念

"随着冷战的结束，意识形态已不再重要，目前人们正在根据文化来重新界定自己的认同"，"文化软实力"成为塑造良好形象和寻求广泛认同的重要因素。而文化的最深层次是核心价值观，文化的吸引力便主要靠价值观的影响力[②]。因此，塑造一个具有广泛影响力的媒介形象，"最重要的不是把自己'推出去'，而是我们自己首先要有一套能够被国内认同、国际共享的体育核心价值观"[③]。

价值观是个体或组织根深蒂固的信仰和原则，是行为和决策的指导原则。其内涵涵盖了个体对道德、伦理和人生目标的基本信仰，是塑造个体身份认同和社会关系的核心。关于价值观的定义，20 世纪 50 年代研究者将价值观定位为"以人为中心的""值得的"有关的东西。这一共识的经典表达就是著名的"克莱德·克拉克洪（Clyde Kluckhohn）"的价值观定义：价值是一种外显的或内隐的、有关什么是值得的看法，它是个人或群体的特征，它影响人们对行为、手段和目的的选择。

[①] 王菲.品牌叙事［M］.北京：中国人民大学出版社，2022：27.
[②] 邓星华.体育文化传播与国家形象构建研究［M］.北京：科学出版社，2018：63.
[③] 刘艳房，朱晨静.国家形象建构与中国价值的国际传播［J］.河北师范大学学报（哲学社会科学版），2014，37（4）：145-148.

价值观的内涵包括以下几个方面：

价值观是个体的内在标准。受个人经历、教育、文化背景等多种因素影响，每个人的价值观是不同的。价值观是个体的内心尺度，是一个渗透式的系统，用来评价和指导自己的行为。

价值观具有社会性。价值观往往受到社会环境的影响，反映着社会的价值取向。同时，个体的价值观也会对社会价值观的形成产生反作用。

价值观具有历史性。历史的演变反映在人们价值观的演变上，新时代往往会产生新的价值观。与价值观内涵相对应的是价值观的外延，即它在言行、决策和社会互动中的表现，包括具体的行为准则、道德判断和对他人的态度，成为社会评判和互动的依据。

价值观在塑造媒介形象方面具有重要作用，这与媒介作为"社会公器"的定位密切相关。媒介内容作为意义载体，它超越了单纯对现实的镜像反映与描绘，并且积极参与并塑造了社会现实的意义框架，是社会构建过程的产物，同时其构建过程也反作用于社会结构的形成。因此，媒介的核心使命在于有选择性地构建并传播"社会知识"与"社会图景"，而媒体报道的精髓不仅在于传递新闻事件的基本信息，其还是价值观的传递者和塑造者。通过选择性地报道新闻事件、塑造公众人物的形象、制作娱乐内容及广告宣传等方式，媒介机构自觉地将这些价值观融入内容生产、编辑策略和互动交流中，不断地向公众传递特定的价值观，对于公众的价值观念形成具有深远的影响。因此，运动员媒介形象的塑造，必须紧紧依托媒体的力量，通过精准的传播策略、高质量的内容创作及积极的互动反馈，与媒体共同塑造出既符合运动员真实面貌，又能引发公众共鸣和认可的媒介形象。而这个形象不是散乱的、模糊的、善变的，是明晰的、相对稳定的，这就需要核心价值观的支撑。

核心价值观是运动员的灵魂，统摄其他分散的观点，是自己对世界的根本看法，是个人故事的核心，承载着受众的精神需求和愿望；是影响一个人思想观念、思维方式、行为决策、持续的内在精神动力。核心价值观是一个复杂的概念，它既有深层的内在标准，又有外在的行为表现；它存在于个人内心，也存在于群体之间。对于每个人来说，明确自己的核心价值观并付诸实践，是实现自我价值和人生意义的重要途径。在运动员媒介形象塑造中，提炼核心价值观，从个人层面有助于运动员明确自己的信仰和价值取向；从社会层面，在言行中对精神文明建设起到积极的价值引领作用；从国家层面，体育作为社会文化的一部分，是构建国家软实力的重要载体，运动员身上蕴含的价值观能够促进不同文化之间的交流互鉴。

一个缺乏核心价值观的人，媒介形象就无从谈起。

二、价值观的维度

价值观是人物形象塑造的灵魂。如何避免价值观成为一个模糊不清的虚空词语？如何把价值观从一个抽象的概念变得具体、可分析、可对照？这里不得不谈及经典的价值观理论框架——施瓦茨（Schwartz）价值观理论，即分析价值观到底是回答哪些核心问题，探讨价值观如何驱动行为，以及解释人们的行动方式。

（一）施瓦茨价值观量表

在众多价值观理论框架中，施瓦茨价值观理论以其全面性被学界证实并接受。施瓦茨价值观量表（Schwartz Values Survey，简称SVS）是目前社会科学和跨文化心理学领域研究价值观使用最广泛的量表。施瓦茨通过对20个国家40个样本研究所产生的价值观理论的演进过程进行分析，提出价值观之间是相互关联的，一致和对立兼有，把人类基本价值观维度确定为10种具有跨文化、一致性的个体基本价值观；在基本价值观的维度划分上确定为4大维度：开放VS.保守、自我超越VS.自我增强。在2012年新修订的施瓦茨价值观量表里，Schwartz等人（2012）又把原来理论中的10种价值观分解和扩展为新理论的19种价值观，其中2种新增的价值观具有双重属性（见表6-1）。其中"面子"价值观具有"保守"和"自我增强"双重属性；"谦逊"价值观具有"保守"和"自我超越"双重属性。

表 6-1　19 种人类基本价值观维度及其动机目标的定义

4 大维度（1992）	10 种人类基本价值观维度（1992）	19 种人类基本价值观维度及其动机目标的定义（2012）
开放	自我导向	自我导向——思想：培养自己观点和能力的自由
		自我导向——行为：决定自己行为的自由
	刺激	刺激：兴奋、新颖和变化
自我增强	享乐	享乐：快乐和感官的满足
	成就	成就：社会标准下的满足
	权势	权势——控制：通过掌控他人带来的权力
		权势——资源：通过掌控物质和社会资源带来的权力
保守/自我增强	—	面子：通过维持个人的公共形象和避免受辱带来的安全和权利
保守	安全	安全——个人：自己在当前环境中的安全
		安全——社会：在更大的社会环境中的安全和稳定
	传统	传统：对文化、家庭和宗教传统的保持和维护
	遵从	遵从——规则：对规则、法律和礼仪的遵从
		遵从——人际：避免使他人难过或受到伤害
保守/自我超越	—	谦逊：对自己在较大事务的策划能力方面不太认同
自我超越	仁慈	仁慈——可信任：做一个在群体中被信赖的人
		仁慈——关爱他人：对群体中其他成员的贡献
	普遍主义	普遍主义——关爱人与社会：致力于平等、正义和保护所有人的贡献
		普遍主义——关爱自然：对自然环境的保护
		普遍主义——容忍：对与自己观点不同的人的接受和理解

（二）奥林匹克精神

奥林匹克精神主要指奥林匹克运动所主张的整个价值观生成体系（见图6-2）。罗格时代的国际奥委会创新性地提出了"卓越、友谊、尊重"的奥林匹克核心价值观。"卓越"强调个人付出努力获得目标的达成而不是互相攀比，运动员在更快、更高、更强的格言激励下追求目标只是实现卓越的一种形式，卓越价值观的最终达成要靠个人或群体对自身努力的把握和对自身品格、修养的完善。"友谊"价值观延续着古代奥运会神圣休战的思想精髓，参与奥林匹克运动的人们强调彼此相互联系和理解，这种价值以更广阔的视野力图通过团结、团队精神、乐观主义来建设一个更加和平美好的世界[①]。"尊重"则意味着参加奥运会要尊重规则、尊重对手、尊重习惯、接受多元价值观等。国际奥委会分别在《奥林匹克价值观教育手册》《青奥会DNA》《希望：体育改变世界教育手册》《奥林匹克主题教育手册》等官方文本中对奥林匹克核心价值观的内容构成进行了阐述。

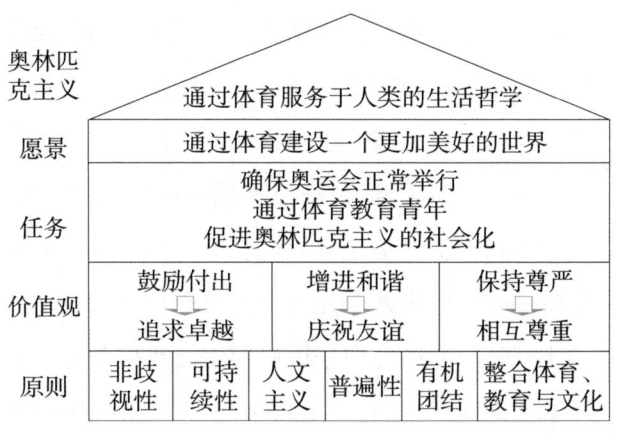

图6-2 奥林匹克核心价值观生成体系[②]

---

① 王润斌.当代奥林匹克核心价值观的多维审视［J］.武汉体育学院学报，2015，49（2）：5-11.
② 王润斌.当代奥林匹克核心价值观的多维审视［J］.武汉体育学院学报，2015，49（2）：5-11.

（三）体育精神

体育精神（sportsmanship）一词，在欧美国家被用来概括竞技活动中运动员所推崇的一系列价值观念和行为规范。在中国的社会环境之下，体育精神可以理解为在竞技运动过程中陶冶出来的运动员精神，如热爱祖国、拼搏超越、尊敬规则、不服输等表现。它并不是指运动员的竞技能力，而是指处于价值层面的竞技伦理，以及思想层面的人生观和理想信念等。

（四）中华体育精神

中华体育精神以为国争光、无私奉献、科学求实、遵纪守法、团结协作、顽强拼搏为主要内容，是中国精神的重要组成部分。这种精神不仅是个人在赛场上的情感表达，还是民族信念的体现。运动员在赛场上始终以国家荣誉为重，无论成败都展现出坚定的爱国精神，他们在拼搏中无私奉献，表现出对体育事业无怨无悔的热爱。在科学求实的背景下，运动员通过科学和理性规划不断提升自身水平，坚守公平竞争的理念，遵守体育道德规范，从而在赛场内外塑造出中国体育良好的形象。协作团结精神让中华体育精神充满了感染力。顽强拼搏作为体育精神的特色，激励中国运动员在困境中保持不屈不挠、超越自我，锻炼出超凡的勇气和毅力，塑造出积极向上的体育风貌。

当前，我国不仅处于经济、社会高速发展战略机遇期，还处于"人民日益增长的美好生活需要和不平衡不充分发展之间矛盾"的凸显期，中华体育精神对于化解社会主要矛盾、促进社会经济发展具有重要的作用。在中华体育精神的引领下，建设体育强国和助力中华民族伟大复兴成为这一精神的重要目标任务。体育强国不仅是国家发展的重要目标之一，也承载着民族自强的历史使命。

（五）女排精神

2021年9月，中国共产党中央委员会批准了中央宣传部梳理的中国共产党人精神谱系第一批伟大精神，女排精神是唯一被纳入精神谱系的体育精神。

女排精神的定义为"祖国至上、团结协作、顽强拼搏、永不言败"。这不仅仅代表女排展现的拼搏精神，其也是中华体育精神和体育职业精神互动融合的结晶和产物，是体育精神在引进和吸纳西方文明协同下的创新型文化，凝聚着丰富的内涵和时代价值。① 其中，"爱国""拼搏""团结""创新"等4个要素构成中国女排精神的丰富内涵。②

中国女排精神的提出可以追溯到1981年，当时中国女排在第三届女排世界杯上首次夺得世界冠军，这一胜利不仅为国家赢得了荣誉，也激发了全国上下对这种精神的认同和追求。1981年11月17日，《人民日报》头版刊登了中国女排夺冠的报道，随后在11月18日，邓颖超在《人民日报》上专门提出了"女排精神"这个词。这种精神在改革开放初期向世界证明了"中国人能行"，成为一面旗帜，展示了中国人的集体主义、爱国精神和自强意志。即便在成绩起伏的情况下，女排姑娘依然保持昂扬士气，咬紧牙关拼到最后一刻，这种精神极大地激发了中国人的自豪、自尊和自信。女排精神通过其独特的价值观和行为准则，为运动员塑造积极的媒介形象提供了重要的参考和示范作用。

我国竞技体育事业的发展实行的是"举国体制"，在中国运动员核心价值观的塑造上，除了吸收西方体育价值观中的"民主""平等""自由"等优秀精神理念，也应发掘中国传统体育价值观中人与自然、社会和谐发展的精神理念，构建我国具有普适性的体育核心价值观；在文化基础上，提炼中华民族传统文化中有特色的文化内涵和文化因子，如"和谐""仁义"等具有浓厚中国文化气息的优秀价值理念，强化我国体育文化影响力，塑造良好的中国体育形象。

三、延伸价值观

核心价值观是指在价值观体系中处于核心地位，统率和支配着其他处于从属地位的价值观，是一种社会制度中人们长期普遍遵循的基本价值原则，是

---

① 孔宁. 大逆转：中国女排重新崛起纪实［M］. 北京：同心出版社，2005：4.
② 蒋旻. 论中国女排精神的新内涵及其时代意义［J］. 南京体育学院学报（社会科学版），2016，30（6）：20-26.

一种文化区别于另一种文化的基本价值观。

延伸价值观是指在原有核心价值观的基础上，通过自我认知、自我反省和自我创造，结合具体的地域、社会情境，形成的一种更加广泛、更加开放的价值观，是对核心价值观的渐进演变。这种价值观不仅包括了个体或群体的基本信仰和行为准则，还涵盖了他们对社会、自然和宇宙的认知。成功的运动员具有趋同性非常强的特质，如拼搏精神、永不言败的奋斗精神等。延伸价值观如同在相似的高地上插上不同的旗子，只有融入了延伸价值观的媒介形象，才能凸显差异性、展现成长性、构成完整性。

核心价值观是延伸价值观的基础，延伸价值观是对核心价值观的拓展，发展出更为广泛和开放的延伸价值观。两者相互补充、相互影响、相互促进，一方面，核心价值观对延伸价值观的形成和发展具有指导作用；另一方面，延伸价值观反过来也会支撑核心价值观，并对其进行调整和修正（见表6-2）。

表 6-2 核心价值观与延伸价值观的对比

特性	核心价值观	延伸价值观
定义	最根本的信仰和原则，是行为和决策的基础	从核心价值观中衍生出的、更具体的指导原则，用于指导日常行为和决策
稳定性	高度稳定，不易因外部因素而改变	相对灵活，可能根据环境和需求变化调整
指导性	为个体或组织的行为、决策提供基础性指导	提供具体情境中的操作指导，补充核心价值观
独特性	反映个体或组织的独特身份，通常具有标志性	与核心价值观紧密相关，但更注重实际应用的多样性
关键性	在道德或伦理困境中起决定性作用	在日常决策和行为中调整灵活性，帮助适应具体情况
可变性	基本不变，跨越时间和环境而持续存在	可根据文化、地域或个体经历的不同而变化
补充性	—	直接补充和支持核心价值观，使其在具体应用中更加明确和适用

以一支足球队为例，其核心价值观包括团队合作、拼搏精神、尊重对手等。这些核心价值观是整个团队的基石，是队员在赛场上下都要遵循的基本原则。它们引导着队员如何看待自己、队友、对手及比赛。而延伸价值观则包括对足球这项运动的热爱、对社区的贡献、对环保的关注等。这些价值观是在核心价值观的基础上，通过团队成员的自我认知、自我反省和自我创造形成的。在足球队中，核心价值观为团队提供了基本的指导和原则，而延伸价值观则为团队提供了更广阔的视野和更深层次的意义。两者共同构成了团队的整体价值观体系，影响着团队成员的行为和决策，也塑造着整个团队的独特文化和形象。

四、优秀体育品牌核心价值观分析

在核心价值观的塑造上，商业品牌从成立之初就倾尽心血，尤其那些有着悠久历史的著名品牌，对于个人塑造媒介形象具有很强的参照、启发价值（见表 6-3）。

表 6-3　著名体育品牌的优秀核心价值观[1]

品牌	核心价值观	动机类型
耐克	Just do it（尽管去做）	自我导向
Vans	Off the wall（疯狂荒诞）	刺激
阿迪达斯	Nothing is impossible（一切皆有可能）	自我导向
锐步	I am what I am（我就是我）	自我导向
安踏	Keep moving（永不止步）	刺激
美特斯邦威	不走寻常路	自我导向
361°	多一度热爱	自我导向
爱慕	Rule yourself（要自律）	遵从
Keep	自律给我自由	遵从

[1] 王菲. 品牌叙事［M］. 北京：中国人民大学出版社，2022：35.

从上述品牌核心价值观的分析中可以看出，9个运动品牌中有5个为自我导向，即更凸显在行动和思想上的自我意愿；2个为遵从，凸显了运动对于自律精神的推崇。品牌的核心价值观是非常明确的，这样可以更好地传达给消费者，唤醒目标消费者内心深处的价值认同，引导消费者找到生活方向。运动品牌的核心价值观对于运动员核心价值观的凝练具有一定的启发意义。

五、优秀运动员核心价值观和延伸价值观分析

（一）费德勒的核心价值观和延伸价值观

1. 费德勒的核心价值观

瑞士著名网球运动员罗杰·费德勒（Roger Federer）被媒体誉为"费天王""网球史上最伟大的运动员之一"。费德勒的职业生涯始于1998年，同年便以业余球员身份跻身全球排名前100名，网球成就令人瞩目。

媒体对他报道使用最多的关键词为"卓越"。现代汉语词典对卓越的解释为："非常优秀，超出一般"。按照奥林匹克精神中的解释，其则为"个人付出努力获得目标的达成而不是互相攀比，运动员在更快、更高、更强的格言激励下追求目标只是实现卓越的一种形式，卓越价值的最终达成要靠个人或群体对自身努力的把握和对自身品格、修养的完善"。费德勒在24年的职业生涯中收获了20项大满贯、310周世界排名第一、温网8冠王和237周连续排名世界第一等顶级殊荣，且成为近20年来最具商业价值的运动员之一。据《福布斯》在2020年5月公布的统计榜单，费德勒在年度运动员收入排行榜上以1.063亿美元的收入高居第一，超越了梅西、C罗和詹姆斯等足球明星，成为史上首位登顶运动员收入年度排行榜的网球运动员。

参照施瓦茨价值观量表，费德勒的核心价值观属于开放维度——动机类型为自我导向中的思想导向。自我导向是指个体在面对选择和决策时，更倾向于依靠自己的独立思考和判断，而不是受到他人的影响或限制。个体在面对变化和挑战时，保持积极思考、探索和创新，而不是维持现状或过于保守。网球

是一项孤独的运动，运动员在场上比赛时无法与教练团队沟通，只能依靠自己决策。费德勒在多个重要大满贯赛场上逆风翻盘都是他独立思考的结果。

李娜和费德勒的天选对手纳达尔也是世界排名前茅的著名球手，同样可以用"卓越"来作为其核心价值观。那又该如何进行区分呢？延伸价值观的作用得到了凸显。每一名运动员成长环境、教育情况及面临处境各不相同，延伸价值观是外化他们之间差异的重要维度。在费德勒所有代言中，劳力士见证了他的诸多高光时刻。劳力士官网上这样描述他："罗杰·费德勒不仅成就卓著，亦是优雅、毅力及谦逊的代名词。"

2. 费德勒的延伸价值观

（1）优雅

通过媒介报道呈现的费氏优雅分为两个方面：一是动作优雅，二是态度优雅。这两点对于网球运动员来说并非易事，是他"卓越"核心价值观不可或缺的支撑，也是费德勒区别于其他网球运动员的核心素质之一。

费德勒优雅的动作来自他对于多种网球技艺的综合运用。"他比大多数球员复杂得多，更有创造力。罗杰是懂得战斗的艺术家，就像芭蕾，看起来毫不费力地表现出优雅和平衡，但其实非常费力。"费德勒的体能师皮埃尔·帕格尼尼说。作为网球史上最伟大的运动员之一，费德勒展现出的不仅是统治级的球场掌控力，还有他堪称"表演式"的网球美学。他的招牌技术包括反手击球和挥拍，以及快速移动和对打球节奏的操控，这些都给观众留下了深刻印象。他的打法让他在比赛中显得优雅、安逸和富有艺术感，成为不少球迷心目中的偶像。

在现代网球运动历史中，尤其是1968年公开赛年代以来，在不同年代诞生了不同的主流竞技风格及打法迥异的球员代表。但费德勒的比赛就像是和网球史的对话，观众可以在球场上看到几分比约·博格的细腻，可以看到桑普拉斯爆发力的一面，也可以看到几分罗德·拉沃尔的影子。他吸取了老派网球的元素，同时融入更现代的上旋底线打法。

在世界网球中，坚守底线、防守至上的风格大行其道，双手反拍因力量更足、稳定性更强、更利于防守，几乎成为所有球员的首选。而潇洒的单手反拍技术，犹如摄影世界中的胶片相机——能给人独特的美感，但因为可控性较低，选择的人不多。费德勒却是逆流而行，优雅的单反成了他的标志性动作，让他成为球场上的舞者①。

除了动作，优雅的态度也是费德勒的标签。每次比赛的转播中，镜头都会聚焦费德勒面对局点、失分等重要时刻的反应。他总能以最平和、最从容、最乐观的心态去面对败局，这让他赢得了许多球迷和赞助商的喜爱。费德勒以他的谦逊、耐心和高雅的个性而见长，而这些都是一个领袖型球员所需要的品质。一个著名的事例是——一次在耐克研究室测试完鞋子后，费德勒在离开后发觉自己忘了向帮他穿鞋的工作人员道谢，立马掉头回去，专门补上感谢。

（2）（家庭观念）传统

费德勒的妻子米尔卡1978年出生于斯洛伐克，也是一名瑞士网球运动员，曾经世界排名70位。在悉尼的奥运村，19岁的费德勒对22岁的米尔卡一见钟情。米尔卡在2002年因伤退役后与费德勒开始恋爱，同时她扮演着经纪人和贤内助，让费德勒可以高枕无忧地发展网球生涯，最终成为一名伟大的职业运动员。婚后米尔卡生下两对双胞胎。

在费德勒的比赛中，球迷几乎都能看到米尔卡的身影。他在2017年赢得澳大利亚公开赛后对媒体说："当我没有（获得）冠军时，她一直在那里，我赢得89个冠军之后她还在这里，所以她在（我的胜利）中发挥了很大作用。"在2020年接受 *Gala* 杂志采访时费德勒表示，米尔卡是最好的母亲、最好的妻子！米尔卡一直是我漫长的职业生涯中的坚强后盾。在宣布退役的公开信中，费德勒说："感谢我了不起的妻子米尔卡，她和我度过了每一分钟。她在决赛前帮我热身，在怀孕期间也观看了无数场比赛，并忍受了我愚蠢的一面20多年。"

---

① 林炜航.再见！独特的费德勒，优雅的单反［EB/OL］.（2022-09-16）［2024-11-05］.https://new.qq.com/rain/a/20220916A09MFT00.

模范运动员和模范丈夫这两个身份,也让费德勒收获了众多商业代言。这也是费德勒明明不在打比赛,但还是最能赚钱的重要原因之一。

(二)李娜的核心价值观和延伸价值观

1. 李娜的核心价值观

李娜,亚洲第一位大满贯女子网球单打冠军。1998年,在先农坛体育馆,16岁的李娜就向全世界宣布进军职业网球前10的梦想。15年的职业生涯里,她21次打入WTA(国际女子网球协会)女单赛事决赛,共获得9个WTA和19个ITF(国际网球联合会)单打冠军,职业生涯总战绩为503胜、188负,以排名世界第六的身份退役。2019年1月21日,李娜成为首个正式入选名人堂的亚洲球员。

李娜的核心价值观可以凝练为"追梦不止、坚守成真"。这显然与同是网球运动员的费德勒迥然不同。

在李娜的自传《独自上场》一书中,李娜的丈夫姜山写到,"在我看来,她的可贵之处不是她取得了多么大的成就,而是她对梦想的追求和一路的坚持""一路走到今天,她经历的真的很多,她承担的是很多人没有承担过的压力。她经历了退役再复出,三次手术后的康复,连续失败后的质疑。但是她从未放弃目标,挫折和打击都没有打倒她,她的执着和坚持让我这样的7尺男儿都觉得敬佩"。[①] 李娜的闺密——刘凌,在书中写道"你是一个又一个奇迹的创造者"。参照施瓦茨价值观量表,李娜的核心价值观属于开放维度,动机为自我导向的思想导向。与费德勒一样,世界顶尖运动员的成功都拥有极度自驱力,发自内心的信念是他们克服一切困难的终极动力。

2. 李娜的延伸价值观

(1)责任

"她是一个有极度责任感的人,无论是对家人、朋友、团队,还是对她的

---

① 李娜.独自上场[M].北京:北京联合出版公司,2019: vi, xi.

事业，她都具有强大的责任感""对于她的事业，我觉得那种超凡的意志力也多半来自这种责任感。"①这是同为网球运动员、李娜的闺密刘凌在《独自上场》的序言中对她的评价。李娜的网球生涯开端可以追溯到14岁，那年她的父亲意外去世。李娜的父亲曾是湖北省羽毛球队的一名运动员，他从小就教育李娜，竞技体育没有平手，想要成功就必须吃苦流汗。父亲以身作则，两年内每天早上都会带李娜穿梭在武汉的大街小巷进行体能训练，这也为李娜具备良好的体育习惯与素质奠定坚实的基础。然而，世事难料，李娜训练结束回家后，父亲的遗像被放在客厅最显眼的地方，仿佛世间万物都已经碎裂，在那一刻没了色彩。看到角落里的母亲，想起因给父亲治病背负的巨额外债，李娜来不及流泪，从此她的眼里只有拼命练球，以最高的标准要求自己，以求摆脱困境破茧成蝶。

（2）独立

李娜自传电影《独自上场》的导演陈可辛说："中国人自古都从众，她却坚持做自己。"李娜在职业选择上展现了她的独立性和决断力。2008年，26岁的李娜，在打网球10年以后、在一个接近退役的年龄选择单飞，那是中国体育前所未有的"改制"，李娜全盘接受了国家队开出的"教练自主、奖金自主、参赛自主，收入归运动员及其团队所有，将商业开发收益的8%和比赛奖金的12%上缴国家"的条款。这种独立自主的精神在中国体育界是罕见的。单飞不仅能迎来机遇，更意味着要迎接更多的挑战和承受更大的压力。运动员有更多的自主权，挑比赛、挣奖金、请教练，但成绩不好、奖金少时，就无法请到好教练，恶性循环后最终被淘汰。

李娜在传记中也提到，网球运动员所扮演的角色是裁判、教练员和运动员。当比赛可能误判时，她要扮演裁判的角色，跟裁判抗议；比赛过程中，团队只能坐在包厢观赛，场上的任何局面只能依靠自己抉择。在一场网球比赛中，运动员要做出的抉择有800—1200次，这是任何一个体育项目都无法比拟的。

---

① 李娜.独自上场[M].北京：北京联合出版公司，2019：xiii.

表 6-4　费德勒和李娜的核心价值观与延伸价值观对比

	费德勒	李娜
核心价值观	卓越	执着
延伸价值观	优雅、传统	责任、独立

第二节　社会情境

费雪（Fisher）认为，人们是否接受当下的叙事是根据它是否与他们信以为真的故事，以及该故事所隐含的信念和行为，在道义上正确与否来进行判断，因此理性与人的社会文化分不开。也就是说，人们更倾向于相信符合他们价值观的叙事，并根据这个标准来判断叙事的可信度和道德性。

社会情境涉及人际关系、心理、文化、宗教、习俗等，它们会影响运动员的行为和公众对他们的看法。因此运动员在进行个人媒介形象构建时，要以社会文化为基础，注重与时俱进，适应生活方式、审美观念、宗教信仰和时代需要，通过深入思考和洞察，弥合社会或者广大网友未被满足的情感或愿望之间的沟壑。

《中国运动员媒介形象变迁研究（1980—2018）》一书将社会发展阶段分为三个阶段，即体育改革起步期（1980—1988）、体育改革发展期（1988—2000）、体育改革深化期（2000—2018）[1]。为了更加完整地描述中国体育发展的进程，笔者结合《中国运动员媒介形象变迁研究（1980—2018）》归纳的三个阶段，对 2019 年至今的社会情境进行补充，定义为第四个阶段——体育改革全面发展期。四个阶段揭示了体育事业和社会价值观的相互影响，为运动员观察社会情境提供有益参考。

---

[1] 刘宁. 中国运动员媒介形象变迁研究（1980—2018）[M]. 天津：天津古籍出版社，2019：82.

一、中国体育事业发展的社会情境变迁

（一）体育改革起步期

1980年到1988年的体育改革起步期，始于"文化大革命"之后的拨乱反正、百废待兴。中国体育的中心工作开始发生转移，树立了"赛场争金夺银是为祖国增光添彩"的体育观念，并在1983年召开的全国体育工作大会上提出"20世纪末把中国建设成为世界体育强国"的战略目标，具体内容为"建设现代化体育设施，普及城乡一体化，拥有一支又红又专的体育队伍，竞赛成绩达到世界一流竞技水平"。这一阶段的运动员媒介形象多为"金牌至上""刻苦训练"，突出"集体主义"，运动员集体形象是国家符号的象征，个人形象较为模糊。

（二）体育改革发展期

1988年至2000年，中国体育改革同样受到邓小平南方谈话的深刻影响，中国体育也从计划经济向市场经济过渡，呈现出"国家办"与"社会办"相结合的特点。"两纲一法"，即《全民健身计划纲要》、《奥运争光计划纲要》和《中华人民共和国体育法》相继出台，有力推动竞技体育走向产业、商业和职业，既要成绩又要效益。这一时期体育人的职业诉求是"物质"和"精神"两手都要硬，日益增长的物质需求渐成刚需。在《中国体育报》的报道中，既有争金的振奋，也有摘银的遗憾，中国运动员开始强调运动训练中的主体性思辨，关注科学训练；在强调集体主义精神的同时开始彰显幕后英雄形象。个人形象逐渐呈现多才多艺的日常生活形象、公益形象和全民偶像。例如，亚特兰大奥运会乒乓球项目两枚金牌获得者邓亚平在赛后表示，"我要为老区的希望工程捐款5万元人民币，为南方水灾捐款5万元人民币"。女足运动员孙雯说："如果我走在上海街头，立刻就会被街上的人认出来，要求我签名或者合影，作为名人在公众面前必须谨慎地注重自己的言行。"

(三)体育改革深化期

2000 年至 2018 年是中国体育改革深化期。从盐湖城冬奥会和北京奥运会中国代表团实现金牌零的突破和奖牌榜总数进入第一阵营,到北京成功申办夏季奥运会和冬季奥运会,中国体育正在完成从"体育大国"到"体育强国"的历史性跨越。在群众体育层面,建立了符合国情、覆盖城乡的可持续发展公共体育服务体系;全面促进体育事业的协调发展,为建设小康社会、构建社会主义和谐社会作出贡献。运动员媒介形象建构的场域发生了根本性变化,延续了前两个时期中"为国争光""刻苦训练""顽强拼搏""勇摘金牌"的时代特征,但"参与比获胜更重要""拼到底就无憾"的价值观伴随着时代更迭深入人心,运动员的个性形象更加风格各异、个性彰显,生活态度乐观积极,社会关系更趋多元——亲子关系、夫妻关系、恋人关系、学生关系、公益大使等;职业角色形象的变化流露出热爱和兴趣,让体育成为文化的代言,而非政治隐喻[1]。

(四)体育改革全面发展期

在此期间经历了新中国成立 70 周年、党的二十大胜利召开等重要历史事件,习近平总书记对体育提出重要指示精神,"体育承载着国家强盛、民族振兴的梦想""体育是提高人民健康水平的重要途径,是满足人民群众对美好生活向往、促进人的全面发展的重要手段,是促进经济社会发展的重要动力,是展示国家文化软实力的重要平台"。体育多元的社会功能和属性被放大;《中华人民共和国体育法》全面修订,国务院办公厅先后印发了《关于以 2022 年北京冬奥会为契机大力发展冰雪运动的意见》《体育强国建设纲要》《关于促进全民健身和体育消费推动体育产业高质量发展的意见》等若干文件,在全民健身、竞技体育、体育产业、体育文化、体育对外交往等各个领域深入挖掘体育多元价值;首次提出推动"体教融合、体医养融合、体旅融合"概念,促进培育新业态、新模式、新消费。群众体育和青少年体育再上新台阶。这段时期国

---

[1] 刘宁. 中国运动员媒介形象变迁研究(1980—2018)[M]. 天津:天津古籍出版社,2019:134-135.

际赛事相继举办，在东京奥运会、北京冬奥会、成都大运会和杭州亚运会及巴黎奥运会上，中国代表团均创造了境内外最佳战绩。北京冬奥会上范可新跪在冰面上的深情的一吻、三朝元老徐梦桃夺冠后激动落泪，这些感人瞬间进一步丰富了中华体育精神的内涵；"Z世代"运动员谷爱凌、苏翊鸣、全红婵、潘展乐等人向世界展现他们自信、乐观的时代精神，赢得国际社会认可。

  本书主要围绕1980年至2023年体育事业发展历程进行了梳理。作为媒介形象建构的重要依托，笔者对1980年至今媒介技术的变迁及其特征进行了梳理，分析了媒介技术协同社会背景如何影响运动员媒介形象的塑造（见表6-5）。

表6-5　1980年至今中国体育事业发展、媒介技术演变及媒介形象变迁

阶段	时间	社会情境特征	重要事件/政策	标志性媒介技术和特征	媒介形象变迁案例
体育改革起步期	1980—1988	开始从"文化大革命"的影响中恢复，强调"赛场争金夺银是为祖国增光添彩"，体育设施和体育队伍逐渐现代化	1983年提出"20世纪末建设体育强国"的目标	报纸和广播：以文字和声音为主的传统媒介，信息传播相对缓慢	运动员的形象主要通过官方报道和体育赛事传播。媒体强调运动员的国家荣誉和集体主义精神，个人特征较为模糊
体育改革发展期	1988—2000	从计划经济向市场经济过渡，呈现"国家办"与"社会办"相结合的特征。体育改革走向产业化和商业化，开始注重物质和精神需求	《全民健身计划纲要》《奥运争光计划纲要》《中华人民共和国体育法》	电视：电视成为主流媒介，信息传播更直观和生动	运动员在电视上获得更多曝光，媒介形象开始呈现个性化特征。在电视节目和广告中，运动员的个人魅力和公众影响力逐渐显现

续表

阶段	时间	社会情境特征	重要事件/政策	标志性媒介技术和特征	媒介形象变迁案例
体育改革深化期	2000—2010	中国体育事业进入改革深化期,从"体育大国"向"体育强国"转变；社会情境呈现多元化,运动员的形象更加丰富多样	举办盐湖城冬奥会和北京奥运会；成功申办了夏季和冬季奥运会	互联网(初期):互联网开始普及,信息传播更迅速和广泛	运动员通过互联网与粉丝互动,媒体报道更具即时性。运动员的媒介形象逐渐多元化,参与公益和商业活动,展示个人生活和兴趣
	2010—2018			社交媒体:社交媒体普及后,信息传播更加碎片化和个性化	借助社交媒体与粉丝建立直接联系,塑造更为个性化的媒介形象,进一步增强公众影响力
体育改革全面发展期	2019—2023	体育事业的多元功能和属性被放大,体育与文化、教育、健康等方面相融合,"Z世代"运动员展现自信和乐观的形象,赢得国际认可	《中华人民共和国体育法》全面修订；《体育强国建设纲要》推动"体教融合、体医养融合、体旅融合"	短视频平台:短视频成为新兴媒介,传播方式更加简洁和生动	运动员通过短视频展示训练、比赛和生活片段,分享积极的生活态度和社会价值观,进一步拉近与粉丝的距离
	2023年至今	—	—	AIGC:人工智能生成内容逐渐应用于体育领域,内容创作效率更高	运动员可以利用AIGC制作定制化内容,增强与粉丝的互动,甚至生成独特的品牌形象,更快速地响应媒体和公众需求

核心技术的发展不仅改变了运动员形象的传播方式，还深刻影响了形象构建的内容和策略。

二、社会情境内涵及功能

（一）政策环境

政策环境包括政治背景、国家发展战略等。回顾新中国体育改革发展的阶段，其与每一个重要历史节点都紧密相连。邓小平南行、奥运会申报、重要体育政策出台等，都为运动员形象塑造指出了方向和基调。在不同的政策导向下，运动员的形象被赋予了不同的时代特征。在体育改革起步期，政策强调"赛场争金夺银是为祖国增光添彩"，运动员的媒介形象呈现出"金牌至上"和"刻苦训练"的形象。随着体育改革的深化，国家开始注重运动员的全面发展，运动员的媒介形象也逐渐展现出个性化和多元化的特点。

（二）社会文化

社会文化对运动员媒介形象塑造的影响体现在多个方面，包括对个人表达、个性展示和社会角色的接受度。游泳运动员傅园慧因一句"洪荒之力"打破了传统运动员严肃、克制的刻板面孔，反映了社会文化对运动员人性化和真实性的一种期待；巴黎奥运会上一战成名的游泳运动员潘展乐成为"最强嘴替"，为身处内卷时代、有无处安放压力和焦虑的年轻人提供了一个情绪出口；女子篮球运动员杨舒予被粉丝称为"人间扳手"，因帅气和高颜值受到追捧。现代社会的多样化审美和包容性，进一步推动了女性运动员在媒介形象塑造中的多样化表达；洞察社会文化的变化有助于运动员更好地理解当下的社会氛围，找准时机，借势而行，以塑造符合公众期待的形象。

（三）社会需求

社会需求的变化为运动员媒介形象的建构提供了新动能。随着人们对体育需求的日益增长和体育市场的不断扩大，运动员的形象也需要不断适应这种变化，满足引领大众健身、竞技能力提升、带动体育产业发展、正能量传播等情感诉求。这就如同飞机在天空中飞行一样，不仅需要完整的机械结构，更需要依赖气流和云层的助推。气流为飞机提供飞行动力，云层决定飞行的方向和路线。这种依赖关系与运动员在媒介形象塑造过程中对社会情境的依赖有异曲同工之处。

政策环境如同风向，决定运动员的发展方向和速度；价值观似云层，反映社会期待。只有符合主流价值观，才能赢得广泛的社会认可和尊重。

第三节 目标受众

一、目标受众的概念

"目标受众"源自市场营销和新闻传播学，是指信息传播者力图影响或沟通的那部分人群。在市场营销中，目标受众是企业或品牌在制定营销策略时所界定的，旨在通过产品、服务或信息影响到的群体。在传播学中，它指的是信息的预期接收者，他们的特性、需求、兴趣和行为等因素会影响信息的制作和传递方式。运动员的目标受众可以是某个群体，如媒体、赞助商、广大观众等，也可以是国家、政府组织、国际组织等。

在运动员媒介形象塑造中，目标受众好比篮球场上的篮筐、射击场上的枪靶、田径赛场的终点线，它是运动员需要影响的对象和媒介形象构建的共创者。在满足自身的表达需求之外，运动员要与目标受众建立有效的沟通并提升公众认知度和好感度。值得一提的是，与品牌目标受众构建不同的是，运动员不仅代表着个人，还是国家形象的重要组成部分。因此，在媒介实践中运动员必须充分考虑国家形象的塑造。

二、目标受众的需求

笔者引入马斯洛需求层次理论为运动员提供一个有效的分析框架。马斯洛需求层次结构是心理学中的激励理论，包括人类需求的五级模型，通常被比喻成金字塔。从金字塔的底部向上，需求分别为：生理需求（食物和衣服）、安全需求（工作保障）、社交需求（友谊）、尊重的需求和自我实现的需求。这种五阶段模式可分为基本需求和增长需求。此后，他的五阶段模型已经扩大为八阶段模型[1]，对需求分析得更加细致（见表6-6）。

表6-6　马斯洛八阶段模型

八阶段模型	介绍
生理需求	包括食物、水分、空气、睡眠、性的需要等。它们在人的需要中最重要。对于运动员来说，其具体为提升体能、健康、恢复状态等与身体直接相关的需求
安全需求	包括个体在生理和心理方面的稳定与安全感。人们需要稳定、安全、受到保护、有秩序、能免除恐惧和焦虑等。对于运动员来说，安全需求指伤病、心理压力及成绩不稳定等因素带来的挑战
归属和爱的需求	与其他人建立感情上的联系或关系，如结交朋友、追求爱情等
尊重的需求	尊重自己（尊严、成就、掌握、独立）和对他人名誉的尊重（如地位、威望）
认知需求	通过对兴趣、未知世界的探索追问，感受精神上的满足
审美需求	欣赏和寻找美
自我实现的需求	人们追求实现自我价值的能力或者潜能，并使之完善
超越需求	不再仅仅关注自我成就，还关注如何对他人产生积极的影响，特别是通过帮助他人实现自己的价值

马斯洛需求层次理论指出，人类的动机基于一系列逐层递进的需求。每个层次的需求都是在前一个层次需求得到基本满足后，才会成为个体的主要动

---

① 马斯洛需求层次理论［EB/OL］.［2024-10-12］. https://baike.baidu.com/item/马斯洛需求层次理论/11036498?fr=ge_ala 马斯洛需求层次理论.

机。媒体在进行采访时，不仅把运动员作为公众人物和竞赛选手，还包括更高层次的社会认可与自我实现方面的信息获取。因此每个层次的需求都对应了不同的媒介形象塑造策略。当受众的需求集中在安全需求层面时，运动员的形象展示应体现稳定、可靠和强大的团队精神；而当受众需求提升到自我实现层次时，运动员的个人奋斗故事和精神力量将更具吸引力。这种层次分析帮助运动员在不同的媒介场景中做出更有针对性的表现和回应，以满足各类受众的期望。如不加以关注，则容易造成误解、引发舆情。

第四节　个性

个性是品牌叙事中至关重要的核心概念，指运动员在思想、情感和行为上展现出的独特人格特质。这种特质不仅能够帮助观众识别和记忆运动员形象，还能与观众建立情感连接。例如，马龙的稳重是赛场上的沉着应对，以及面对媒体时的冷静与全局观；全红婵展现出天真与童趣的特质，使她在公众眼中充满亲和力；潘展乐以直率和诚实的态度受到粉丝喜爱；郑钦文则以高情商著称，她在面对媒体提问时展现出成熟与智慧。

一、个性的概念

一个人的鲜明个性并非个人特质的自然流露，而是在与媒介和社会的持续互动中逐渐形成的。马龙的稳重不单单源于他的性格，而是通过多次接受媒体采访、在公众视野中展现的领导风范逐渐塑造的，符合人们对国球国家队队长的社会期待。

由于运动员的个性是在复杂的社会和媒介互动中不断塑造和调整的，可以借助大五人格模型这一工具，从外向性、宜人性、尽责性、神经质和开放性五个维度，系统化地描述和解释运动员的个性特征。这种系统化分析能够帮助我们更好地理解运动员所表现出来的公众形象。

二、大五人格模型

大五人格模型是目前最常用的人格理论之一，由美国心理学家保罗·考斯塔和罗伯特·马克雷提出，认为人类的性格可以通过五个核心维度来描述，这些维度相互独立且相对稳定，可以在不同的情境和时间中预测和解释个体的行为和情感反应[①]。

"大五人格"涵盖人格的5个因素：

外向性：反映个体的热情、友好和活力水平。高分端的人通常热情、友好、有活力，而低分端的人则可能内向、不擅长社交。

宜人性：描述个体的利他性、友好性和合作性。高分端的人乐于助人、可信赖，而低分端的人可能多抱有敌意，喜欢竞争。

尽责性：体现个体的克制、严谨和有条理。高分端的人做事有计划、持之以恒，而低分端的人可能马虎大意、不可靠。

神经质：描述个体情绪的稳定性。高分端的人情绪波动较大，容易感到忧伤和焦虑；而低分端的人情绪稳定，自我调节能力较强，不易出现极端情绪反应。

开放性：涉及个体对新经验的接受程度和创造性思维。高分端的人有活跃的想象力、对新观念的自发接受和发散性思维，而低分端比较保守[②]。

大五人格模型中，外向性和开放性看似接近实则不同。开放性更多地关注个体对新事物的接受度和创造性思维，而外向性则侧重于个体的社交倾向和活力水平[③]。

---

① ROCCAS S, SAGIV L, SCHWARTZ S H, et al. The big five personality factors and personal values [J]. Personality and social psychology bulletin, 2002, 28 (6): 789-801.
② 李静静. "大五"人格模型及其应用介绍 [J]. 洛阳师范学院学报, 2006 (2): 145-146.
③ 代宝, 刘业政. 基于社会认知理论和大五人格模型的 SNS 用户内容生成行为实证研究 [J]. 现代情报, 2015, 35 (2): 3-7, 22.

表 6-7　大五人格模型

因素	高分端	低分端
外向性	喜欢参加集体活	孤独、不合群
	健谈	安静
	主动	被动
	热情	缄默
宜人性	信任	多疑
	宽容	刻薄
	心软	无情
	好脾气	易怒
尽责性	认真	马虎
	勤奋	懒惰
	井井有条	杂乱无章
	守时	不守时
神经质	自寻烦恼	冷静
	神经质	不温不火
	害羞	自在
	感情用事	感情淡漠
开放性	富于想象	刻板
	创造性强	创造性差
	标新立异	遵守习俗
	有好奇心	缺乏好奇心

参照大五人格模型，笔者以女子跨栏运动员吴艳妮为例进行个性化维度分析，向读者展示具体的分析过程，便于读者进行自我实践与参考。

（一）大五人格模型分析步骤

1. 进行大五人格评估

通过标准化测评工具或观察个体的日常行为与情感反应，评估其在五个核心维度上的得分情况，确定个体在各维度的表现。

2. 分析大五人格维度得分

根据个体在外向性、宜人性、责任心、神经质和开放性上的得分，分析高分端的人和低分端的人的特点，理解个体在不同情境中的行为倾向。

3. 匹配个性特征与核心价值观

将个体的个性特征与核心价值观进行匹配，找到与个体核心价值观一致的显性特质。例如，外向性高分端的人可能表现出活力、主动等特点，可以与拼搏精神或团队合作等价值观产生共鸣。

4. 确定显性个性特征

从五个维度中挑选最具代表性的高分端的人的特征，作为个体在公众形象或个人品牌中的显性特质，进而通过符号化手段进行展示和推广。

5. 设计个性化表现方式

根据分析结果，将显性个性特征与个体的职业或社交场景相结合，设计出在不同场合下的表现方式，确保个性特征与价值观相统一。

6. 评估与调整

通过长期的反馈观察，评估个性特征是否与社会需求或个体的核心价值观一致，并根据需要对个性形象进行适时调整。

（二）案例分析

在对吴艳妮的个性进行分析时，由于笔者对其个人情况具有一定的认知度，通过大量公开报道，已经明确她在外向性维度上的显著特质。因此，在吴艳妮的个性分析过程中，跳过了传统的打分评估环节，直接通过行为观察与公开报道进行个性特征的提取与分析。这一过程也说明了分析的灵活性，在不依赖测评工具的情况下如何进行个性特征判断。

通过对吴艳妮的日常行为、社交表现及媒体报道进行分析，笔者发现她在大五人格模型中的外向性维度得分较高，表现出一系列外向性高分端的人的典型特征。这些特征不仅塑造了她的个人形象，也在她的职业生涯中起到了重要作用。以下是基于外向性维度的分析过程与结果。

1. 喜欢参加集体活动

相关报道显示她在公益活动、田径相关活动、时尚秀、珠宝品牌活动中表现活跃，现场不忘推广跨栏，与粉丝互动热烈。但相比之下，集体活动中商业活动的曝光度较高，公益活动的曝光度较低。

2. 健谈

吴艳妮在媒体采访或公开活动中表现得非常健谈，自如地表达观点和感受。在接受《亚运榜YOUNG》采访时，无论是预采访还是正式拍摄，吴艳妮都能清晰地表达自己对于跨栏的热爱、自幼练习舞蹈导致肌肉能力不足，以及教练杨辉为不耽误训练多次推迟手术等话题。

3. 主动

吴艳妮在赛场上和训练中表现出积极主动的特质，尤其是在比赛中积极掌控局势、发起进攻，这都展现了她不等待机会而是创造机会的个性。2024年5月，英国《每日星报》以《迷人的跨栏运动员展示腹肌，回击那些称她为博眼球的批评者》为题对吴艳妮进行了报道。①

---

① Glam hurdler flashes abs as she hits back at trolls calling her an attention seeker [EB/OL]. [2024-11-23]. https://www.dailystar.co.uk/real-life/glam-hurdler-flashes-abs-hits-32843310.

英国媒体展示的吴艳妮训练视频和图片，表现出她超强的体能，特别是她坚硕的腹部。面对外界质疑，吴艳妮通过社交媒体平台发布照片和文字，"我刚刚完成了五个任务，那么请问你期望我能完成多少呢？我接受你的挑战！跟我来挑战吧！"，主动展示自己的实力来回应批评。

4. 热情

热情是高外向性的重要特质。吴艳妮在比赛、训练和与粉丝互动中表现得非常热情，通过情感和肢体语言感染周围的人。在 2024 年世界田联钻石联赛苏州站的赛后采访中，吴艳妮接过记者递过来的麦克时，发现对方手指冰凉，主动上前搓手帮助取暖，显示出她对媒体记者的友善态度。

通过对吴艳妮的个性分析，笔者确定外向性维度是其显著特质，形成了"自信、热情、积极进取但不乏高调"的媒介形象。核心个性是运动员形象的基石，也是所有行为表现的主旋律。

尽管高外向性是吴艳妮的强项，但在某些情况下，过度的外向性会给人带来"过于张扬"的印象。尤其在正式采访、严肃场合或公众期待较高的情境下，会被误解为"过于自信"或"表现欲过强"。这种情况下，可以适时引入其他个性特质（如宜人性和神经质）用于特定情境下的微调，但前提是保持"个性一致性"原则，即必须与其核心价值观保持一致。吴艳妮的核心价值观可以归纳为"积极进取、勇于挑战"，这与她外向性特质体现出的"主动、进取"高度契合。在特殊场合，可以引入宜人性（如友善和体贴）和情绪稳定性（在面对挑战时的冷静和理性），这样的组合既不会削弱核心特质，又能丰富她的形象。

特别需要说明的是，鲜明的高外向性特征（如主动、健谈、乐于参加集体活动等）与低外向性特征（如安静、内向、被动等）并非相互对立，也无好坏之分，只是个性特征的不同表现方式，而哪种个性更为凸显则取决于核心价值观的一致性，且是在与媒介的互动中逐渐形成的。

第五节　功能利益和情感利益

一、功能利益和情感利益的概念

"功能利益"指品牌产品或服务在实用性、性能、质量等方面能够满足消费者基本需求和解决特定问题的特性,强调产品的功能性和实际价值,是消费者评估和选择产品的重要依据。以汽车商品为例,功能利益在一定程度上具有打造差异化和识别度、满足不同目标群体的需求和偏好的作用。

表 6-8　品牌汽车的功能利益描述

品牌	功能利益
丰田	可靠性、耐用性、燃油效率
法拉利	高性能、高速度
特斯拉	电动技术、自动驾驶
宝马	性能、精确性
沃尔沃	安全、先进的安全技术

"情感利益"则指消费者从使用某个产品或服务中获得的情感上的满足或价值。随着市场竞争的加剧,仅依靠功能利益难以保持品牌的竞争力,品牌开始寻求更多元化的差异化策略,包括情感利益的开发,以加深消费者的品牌忠诚度和提升市场份额。这种利益超越了产品的实用价值,涉及消费者的情感和心理层面,如幸福感、安全感、归属感、自尊、自我实现等,这些往往与个人价值观和情感需求紧密相关。

个性与情感利益之间看似接近,实则都是凸显个人风格的元素。但个性是运动员独特的人格特质,是一种内在的特质,贯穿他们的所有行为和表现。情感利益则是观众从这些个性和行为中获得的情感满足,是一种外在的情感体验。

鲍勃·麦基（Robert McKee）的《故事经济学》（*Storynomics*）将情感视为故事的核心。情感驱动的故事不仅能够深化记忆，让叙述更难忘，并通过触发共鸣和信任建立品牌认同，还能促使消费者采取行动，如购买产品或分享品牌故事。因此，通过精心构建的故事来激发情感，是连接品牌与消费者、驱动商业成功的强有力策略。

情感利益使品牌能够超越物质层面的交易，触及消费者的内在需求和愿望，创建更加丰富和持久的关系。简单来说，功能利益回答了"这个产品能为我做什么？"的问题，而情感利益则回答了"这个产品让我感觉如何？"（见表6-9）。

表6-9　品牌汽车功能利益、情感利益对比

品牌	功能利益	情感利益
丰田	可靠性、耐用性、燃油效率	信任、家庭价值
法拉利	高性能、高速度	独特性、成就、激情
特斯拉	电动技术、自动驾驶	创新、环保意识
宝马	性能、精确性	驾驶乐趣、个人风格
沃尔沃	安全、先进的安全技术	安全、保护所爱之人

对于运动员来说，功能利益可以理解为运动员具有统治地位的运动能力，如网球运动员罗杰·费德勒的全场统治力、网前截击技巧，李娜的底线击球精准、心理韧性强等。情感利益则是通过讲述他们背后的奋斗历程、逆境中的坚韧与坚持、家庭情感和社会责任等故事，有效触发观众情感，进而增加个人形象的辨识度。费德勒因其优雅的比赛风格和对球迷的尊重，带来了"优雅、尊重"的情感利益。这种形象使他在退役后依然拥有极高的市场认可度；扬尼斯·阿德托昆博以"逆境奋斗者"为个人形象标识，满足了观众对归属感和自我认同实现的情感需求；日裔美籍网球运动员大坂直美在比赛中戴着印有黑人

受害者姓名的口罩，以表达她反对种族歧视的立场。这个行动满足了观众对公平、正义和归属感的情感需求。这种情感利益使她的形象超越了优秀的竞技成绩，成为具有社会影响力的"体育界的政治家"。

二、情感利益的说服价值

在 20 世纪 80 年代初期，社会心理学家从态度变化和说服的视角证实了功能利益和情感利益的说服有效性。社会心理学家理查德·E. 佩蒂（Richard E. Petty）和约翰·T. 卡奇奥波（John T. Cacioppo）提出，精细加工可能性模型（ELM）是心理学和沟通研究领域广泛应用的理论框架，旨在解释和预测态度改变的过程。

ELM 理论认为，个体处理说服信息的过程通过两条路径进行，即中心路径和边缘路径。中心路径要求高度的认知投入，个体会仔细考虑信息的内容和质量，进行逻辑推理和深度思考。这条路径通常在个体对话题感兴趣或感觉话题与个人相关时被激活。热衷于体育并深入了解体育知识的粉丝会通过中心路径认真分析运动员的技术水平、比赛策略等信息，以形成或改变对其的态度。这些要素对应的即功能利益。

边缘路径依赖外部线索和情感反应，如信息源的可信度、信息呈现的吸引力或情绪的影响，而非信息本身的实质内容。个体通过这条路径处理信息时，对信息的详细分析较少，更多依赖直观判断，从社会媒体、娱乐新闻等渠道了解体育明星。个体通过边缘路径，基于明星的公共形象、社会活动、价值观，甚至是与粉丝或者其他名人的互动来形成对明星的看法。这些要素对应的即情感利益。现实中，人们显然更倾向于以轻松的方式接收信息。

这种通过情感反应和外部线索形成的印象，往往能激发观众的情感共鸣。消费者在选择品牌时，要么选择与自己个性相似的品牌，要么选择和自己个性互补的品牌，用来表达自身的身份和价值观。同样地，运动员的个人形象需要传递出明确的价值主张，通过展示积极的公共形象、参与社会活动及与粉丝的互动，建立起与观众的情感连接。这种情感连接不仅增强了观众的支持和忠诚度，也让他们在认同运动员的同时，获得一种自我表达和身份确认的满足感。

笔者在担任总导演的纪录片《亚运榜YOUNG》中，除了展现吴艳妮、杨力维、杨舒予、赵雅婷、童心、曾文蕙、托合塔尔别克·唐拉提汗、罗思源等运动员代表性成绩，还用了大量篇幅挖掘他们在应对焦虑、挫败过程中的表现。以情感为纽带，这种真实且不完美的形象直接呼应了"Z世代"观众治愈焦虑的情感需求，带领他们获得情感体验，找到生活中的共鸣与力量。

表6-10 《亚运榜YOUNG》中的部分运动员在媒介形象中的情感利益

标题	情感利益
《童心 要非常努力，才能看起来毫不费力》	日复一日的训练，像极了"打工人"拼搏、隐忍的样子
《杨倩 射击很飒！痛并快乐着》	东京奥运会首金获得者也会经历从荣誉巅峰到名落孙山，让观众感受了同样的"人生失控"
《曾文蕙 专注滑板，不要天才的标签》	对于14岁唯一街式女滑手闯入世界极限运动会决赛、16岁进入奥运滑板决赛第一人的曾文蕙，教练对她天赋的评价竟然是"不怕摔"，这就是平凡中的非凡
《赵雅婷 90秒的较量》	身高仅有1.61米，通过高难度动作突破短板，证明了在强者环伺的环境中如何扬长避短创造奇迹

《亚运榜YOUNG》在2023年9月于新华社客户端、腾讯视频、Facebook等多平台上线后，突破2亿的播放量显示出观众对内容的热烈回应。这表明，通过深入挖掘运动员的个性与情感经历，将其与观众的情感需求相结合，能够成功传递价值观并建立深刻的情感连接。

第六节 感官识别

感官识别就是对感觉世界的识别反应，消费者通过视觉、听觉、嗅觉、味觉等方式认知品牌特性。在这几种感觉中，人们对于图形具有非常强的记忆力。与运动员相关的特定标志，如招牌动作、外貌特征、配饰等，都是补充媒介形象的重要元素。从传播学来看，这属于符号化过程。

吴艳妮的招牌动作是单手比心和食指指天，希望外公给她带来力量；乒乓球运动员陈梦每次参加重要比赛时都会佩戴父亲为她定制的首饰，她表示每一件首饰都承载着不同的寓意，为她的比赛带来特别意义；乒乓球运动员许昕的标志性动作——背后接发球，此动作已经从感官识别发展到商业标识。

在 2020 年乒乓球德国公开赛男单决赛中，许昕在与队长马龙的对决中使用了这一高难度动作，马龙模仿未果，最终许昕以 3∶1 的比分战胜对手夺得冠军。马龙赛后表示，"许昕还是太全面了"，这不仅是对他技术层面的高度评价，也包含了对他在比赛中灵活应对、敢于挑战传统的赞扬。2024 年巴黎奥运会代表团抵达中国香港时，有记者问马龙"背后击球练好了吗？"，马龙回复："没有，应该让许昕来背后。"

可见许昕这一标志性动作通过媒体报道和粉丝传播已经深入人心。此外，许昕以开朗幽默的性格被网友戏称为"人民艺术家"，独特且富有感染力的媒介形象被成功塑造，让他在高手如云的男乒队员中脱颖而出。如今，许昕这个独有的姿势已经成为许昕体育品牌"Xuperman Sports"的 Logo：一个从背后反手击球的小人儿，身体扭成"X"造型。这一高度浓缩的符号将他在赛场上的创造力和个人风格转化为视觉符号，进一步强化了他在公众和商业上的个性化品牌形象。

第七节　事实

在品牌塑造中，事实支持是通过具体的证据和数据来证明品牌的主张和价值，从而增强品牌的可信度和公信力。这一概念强调了事实在建立和维护品牌声誉中的核心作用。事实支持的分类主要包括定量事实支持和定性事实支持。事实要与核心价值观保持一致。

一、定量事实支持：证明运动员的成就与实力

定量事实包括具体的数字、日期和统计数据等，这些数据通过量化的方式呈现，为品牌提供明确且可验证的支持。结合运动员人群特点，定量事实可进行如下分类。

（一）比赛成绩

运动员在比赛中的具体表现和成绩，包括获奖次数、世界纪录、个人最佳成绩等。这些数据能够直观展示运动员的竞技水平和成就。中国短跑运动员苏炳添在东京奥运会男子百米半决赛中跑出 9 秒 83 的成绩，刷新了亚洲纪录。

（二）训练数据

展示运动员的训练计划和成果，包括速度、力量、耐力等技术指标。例如，张雨霏引体向上时身挂 40 公斤杠铃片；苏翊鸣完成单板滑雪最高难度动作——内转 1980 抓板（Bs 1980 Indy Crail），意味着从高达 17 层楼的高度往下滑，再冲上大跳台在空中旋转整整五周半，这一动作获得了吉尼斯世界纪录的认证，苏翊鸣成为全球首个完成该动作的运动员。

（三）市场影响力

市场影响力涉及运动员的市场表现和影响力，如社交媒体粉丝数量、代言品牌数量和代言收入等。

《福布斯》杂志公布了 2023 年度体坛收入最高的女运动员榜单。其中，斯瓦泰克以总收入 2390 万美元登顶。她的赛场收入为 990 万美元，而场外收入高达 1400 万美元。作为 WTA 世界第一，斯瓦泰克的收入惊人，并向全世界展示了网球运动的商业价值。

李娜曾以 1820 万美元的收入，跻身《福布斯》女运动员收入排行榜第三，其中商业收入高达 1500 万美元。而击败斯瓦泰克和刷新中国网球女单纪录的郑钦文，商业价值飙升。在世界排名方面，2019 年至 2023 年，郑钦文的

世界排名分别为649位、324位、143位、25位和15位。根据2024年1月29日WTA公布的最新世界排名榜单，郑钦文升至个人生涯排名新高的第七位，成为继李娜之后世界排名最高的中国女网球选手。2023年12月，郑钦文获得WTA颁发的年度进步最快球员奖。这一年，她的收入也达到了720万美元（约合人民币5100万元），其中170万美元来自比赛奖金，550万美元来自赞助商。这一成绩让她入选了《福布斯》2023年收入最高的女运动员榜单，排名第15位[①]。

二、定性事实支持：讲述运动员的故事与经历

（一）个人历史

个人历史包括运动员的成长背景、职业生涯发展历程、重要里程碑等，这些事实有助于建立故事的真实性。北京冬奥会自由式滑雪空中技巧女子运动员徐梦桃，从小靠父母烤羊肉串生活，历经三届冬奥会终于在北京冬奥会上摘金，改写这个项目"收银员"的历史。

（二）社会影响

运动员在社会中的角色和影响，包括参与社会责任活动、公益事业、社会认可度等。费德勒被美国《时代周刊》评选为2018年全球最具影响力百大人物之一，比尔·盖茨为其撰写推荐语，大力赞扬费德勒的慈善贡献。"罗杰和他的团队一直致力于改善贫困儿童的生活前景，这是他童年到他母亲的家乡南非看到贫困儿童之后产生的使命。""罗杰知道那些能够起作用的慈善事业，就像伟大的网球一样需要纪律和时间。当他不再拿起球拍的时候，对我们所有球迷来说将是悲伤的日子。但令人感到安慰的是，他将致力于让世界变得更平等。"费德勒在公益事业上的社会影响力非常显著，他通过自己的罗杰·费德勒基金会及个人慈善活动，为全球尤其是非洲的贫困儿童累计捐款超过5600

---

① "Queen Wen"冲金！郑钦文创造历史，商业价值或有望超千万美元［EB/OL］.（2024-08-03）［2024-11-23］. https://time-weekly.com/post/313381.

万美元。罗杰·费德勒基金会在南非、津巴布韦、马拉维、纳米比亚、赞比亚、博茨瓦纳等国家开展了多个慈善项目，包括建设学校、提供教育支持和提升教师技能。费德勒通过自己的努力和影响力，不仅改善了许多贫困儿童的生活条件，也为全球公益事业树立了榜样。

（三）个性与风格

个性与风格展示运动员的个人特质和独特风格，这些元素有助于增强运动员的品牌个性和独特性。此部分参照前文"个性"一节。

第八节　故事世界

价值观、社会情境、目标受众、个性、功能利益和情感利益、感官识别与事实对于媒介形象建构是至关重要的要素。每个要素都具有独立的作用。价值观决定了运动员在公众心中的核心信念，社会情境是形象传播的背景，目标受众决定了形象传播的方向，个性则展示了运动员与众不同的特质，功能利益即运动员具有统治地位的运动能力，情感利益则能激发观众情感共鸣的奋斗历程、家庭情感和社会责任等，感官识别为运动员的标志性动作，事实为形象传播的真实性和可信度提供了基础。

虽然每个要素都可以独立存在并产生效果，但在构建完整的故事世界时，它们的作用远不止如此。故事世界是一个整合的平台，通过叙事的力量传递更深层次的情感体验和价值观念。

一、故事和故事世界

《故事：材质、结构、风格和银幕剧作的原理》一书是著名编剧罗伯特·麦基创作的经典编剧指南，他深入探讨了故事的构建、角色塑造、情节设计、场景设置及如何通过故事打动观众的心。麦基认为，故事是关于生命的隐喻，是对人类经历的一种有意义的呈现。一个好的故事表现为情节连贯和引人入胜，而一个丰富的故事世界则增强了故事的真实感和观众的沉浸体验。

叙事学领域领军人物之一戴维·赫尔曼认为，故事世界是通过叙述文本构建出来的一个仿真环境，读者通过这个环境来理解和体验故事。

表 6-11　故事和故事世界的区别

概念	故事	故事世界
定义	故事是由一系列有序的事件和冲突组成的情节，包括开端、中段和结尾	故事世界是通过多种叙述文本构建的一个虚拟环境，包括角色、事件、背景等多个元素
要素	要素包括角色、情节、冲突、解决等	要素包括环境、背景、细节、文化等
作用	提供一个连贯的框架，使观众能够跟随情节发展，产生情感共鸣	增强故事的真实感和深度，使观众能够更深入地体验和理解故事

本书介绍的构成媒介形象的要素是基础。这些要素的组合要适应不同媒介场景，通过有机调整，围绕核心价值观和延伸价值观生成连贯、互补的意义，完成媒介形象塑造的实践闭环。

二、媒介塑造故事世界策略

运动员媒介形象塑造途径主要有两个：一是通过展示赛场内外真实活动来进行塑造；二是通过媒介的叙事修辞手法塑造。

运动员在职业生涯中会面临各种不同的媒介场景，常见的包括比赛现场、赛后采访、综艺节目、品牌代言及广告、公益活动，以及游戏、戏剧、有声读物等。这些场景也会成为媒介使用叙事手段、捕捉内容、生成意义的重要载体。

按照媒介生态学理论，不同的媒介形式对信息传播的方式有深刻影响，媒介的特点决定了信息如何被接受和理解。在这种理论基础上，根据媒介的特点将这些场景分类为三大类：即时性场景、叙事性场景和互动性场景。

即时性场景：如赛场表现、赛后采访，强调即时回应和情感表达。运动员注重快速、直接的信息传递。

叙事性场景：如纪录片、广告、戏剧等，强调通过深入叙事、与个人特征相结合进行形象塑造。

互动性场景：如综艺节目、社交媒体、公益活动、电子游戏、有声读物等，强调通过互动增强亲和力及与粉丝的联系。

（一）即时性场景

1. 比赛现场

比赛现场是运动员展现竞技水平、战术执行力、心理素质及个性符号的舞台。比赛场景具有极大的情感张力，观众和粉丝紧密关注运动员的每一个动作、决定和情感反应。国际大赛均配备转播团队，运动员在赛场上的精彩表现都会成为赛后碎片化短视频的主要内容，如全红婵和陈芋汐如粘贴复制般的双人跳水镜头、苏炳添打破男子100百米亚洲纪录的冲刺镜头等。

在上场前或胜利后亮相标志性动作或者事件性行动，也是运动员个性展示的重要方式。

中国女子自由式滑雪空中技巧运动员徐梦桃，在2022年北京冬奥会夺冠后单手指天、仰天长啸，在赛场上一遍遍大喊"我是第一吗？"。这一动作不仅彰显了她16年奋斗终圆金牌梦的激动心情，也是她历经多次失败和伤痛后极大的释放与解脱。《我是第一》也成为她首支单曲的歌名。

2024年世界乒乓球职业大联盟（WTT）中国大满贯比赛现场，奥运会六金王、双圈大满贯选手马龙手牵儿子亮相出场，父爱满满。央视新闻以《幸福在这一刻具象化！中国大满贯赛马龙携两个儿子一起登场》为标题进行报道。巴黎奥运会的媒体手册上描述马龙是"乒乓球历史上最伟大的球员"。马龙这一行为，正是他一以贯之稳重、自律的"龙队"形象延伸的价值观的体现。人们完全相信，一个靠得住的"龙队"也一定重视家庭。

特别注意的是，利用符号的目的是传递信息、传达意义。但符号的意义并非由个人单独决定,而是在媒介互动中被共同建构出来的。无论是马龙还是徐梦桃,他们体现核心价值观的动作符号,在媒体报道和公众互动中被广泛认可,且符合社会对运动员行为规范和价值观的要求。这不仅有助于运动员的印象管理、有效提高其辨识度,还能为其日后发展时为个人品牌标识打下坚实基础。例如,前文提到的乒乓球运动员许昕,他的招牌动作"背后接球"已成为他的商业标识。

2. 赛后采访

通常大型赛事之后,运动员下场后首先要经过混采区,接受媒体记者的采访,如果成绩在前三名,之后会被组委会邀请参加新闻发布会。新闻发布会流程主要为:先由主持人宣布新闻发布会开始,并介绍出席新闻发布会的运动员或者教练员;然后由运动员或教练员对当天的赛事发表自己的看法;最后由记者就赛事中感兴趣的地方提问,相关运动员或教练员对这些问题进行回答。

新闻发布会上,运动员被问到的问题通常为比赛表现、胜负情绪和未来计划等。这要求运动员在短时间内快速响应,而非建立长久的情感互动或深入的关系。因此在媒介形象建构的重要元素中,重点考虑目标受众和事实支撑。

国际比赛的媒体采访分为国际媒体、国内主流媒体、网络媒体。按照目标受众部分提到的马斯洛需求层次理论,运动员需要根据观众的期望来调整表现,用每个群体听得懂的方式讲述故事;越需要快速信息反馈的场景,就越需要数据、细节进行有效回应。

(1)赛后采访媒体分类

国际媒体:国际通讯社覆盖全球主要的体育赛事和国际比赛。它们不仅提供实时新闻报道,还通过多媒体形式(文字、图片、视频)满足全球各类媒体和观众的需求。在国际赛事中,这些通讯社通常会派驻经验丰富的记者和摄影团队,确保在第一时间传递最新的赛况和新闻动态(见表6-12)。

表 6-12 世界主流通讯社

通讯社	总部	特点
新华社	中国北京	亚洲最大的通讯社，注重中文及国际新闻
美联社	美国纽约	全球最大的通讯社之一，全面覆盖国际赛事
路透社	英国伦敦	历史悠久，以摄影报道和实时新闻服务著称
法新社	法国巴黎	多语言服务，国际化视角
欧洲通讯社	德国法兰克福	专注于新闻摄影，覆盖广泛的欧洲赛事
德新社	德国汉堡	重点报道欧洲体育，尤其是足球和冬季运动
塔斯社	俄罗斯莫斯科	擅长俄罗斯及东欧地区的赛事报道

这种场景下文化差异是一个重要挑战，因此要讲述能够引起情感共鸣的故事，展现中国运动员的活力、自信和开放。讲述方式上可以寻找共享语境，即借助国际社会熟知的文化符号和价值观，将中国故事置于世界体育发展大背景下进行讲述，寻找中国故事与世界故事的连接点。例如，讲述中国运动员如何学习借鉴国外先进的训练方法和理念，与国外运动员交流学习的感受、故事，传递"拼搏精神、团队合作、公平竞争"等人类共通的价值观，体现中国对世界体育发展和人类文明进步的贡献。

国内主流媒体：这类媒体指由政府或相关官方机构直接控制或资助的媒体机构，承担着传播政府政策、塑造公共舆论和传递国家立场的任务。国内主流媒体如《人民日报》、新华社、中央广播电视总台（CMG）、《中国体育报》等，他们具有重要的社会与政治功能，具有一定的权威性。他们代表中国政府发声。运动员在采访时要"立足大叙事"，讲述个人的奋斗经历时要与国家发展、民族复兴的大背景相结合，展现中国体育事业的进步和中国力量的崛起；突出中国特色社会主义道路、理论、制度和文化对体育事业发展的指导作用，展现中国运动员的爱国情怀和使命担当。例如，可以讲述自己从一个平凡少年成长为优秀运动员的心路历程，并将其与中国体育事业的腾飞联系起来，体现个人梦与中国梦的交织。

网络媒体（或者自媒体）：网络媒体是指通过互联网进行信息传播的媒体平台，如门户网站、新闻客户端、在线直播等。它们具有快速传播、即时互动的特点，影响力广泛，而且信息传播更为迅捷和敏捷。这些网络媒体中，有的具备媒体资质，由国家机构运营，承担着信息发布和舆论引导的责任，如人民网、新华网、光明网等。有的属于商业化运营的平台，这类平台主要通过广告、流量变现等方式营利，虽然它们没有传统媒体的资质，但通过用户内容聚合和精准的信息推荐，同样具备强大的传播力和影响力。今日头条、一点资讯等网络媒体通过精准的信息推荐和用户互动，成功吸引到一大批用户，成为现代信息传播的重要渠道。

运动员在面对网络媒体和自媒体的采访时，需要呈现与国内主流媒体或国际媒体不同的叙述方式，即个体叙事，以亲和、真实和互动性拉近与粉丝和观众的距离。例如，可以讲述运动员个人成长经历中的点滴故事，展现中国运动员真实生活和情感世界；分享自己训练中的趣事、比赛中的心路历程，以及对家庭、朋友的感情，展现人情味；甚至可以采用一些幽默元素进行自嘲，展示自己轻松乐观的一面，增加个人魅力，更接地气。

需要注意的是，长期以来，中国运动员的媒介形象塑造过度依赖国家叙事，往往被塑造成"为国争光"的符号，其个人故事被简化为"刻苦训练—克服伤病—为国争光"的单一模式。因此要避免将运动员符号化，就要展现作为"人"的真实情感、个性特点和心路历程。

（2）赛后采访策略——以采访郑钦文为例

女子网球运动员郑钦文在巴黎奥运会夺冠后，她多次在采访中表达对球迷的感激和对国家的深厚情感，得到观众和网友的高度赞赏。她的采访内容被网友点评为"考公面试必读""高情商说话范本""天花板级发言"。

郑钦文在获得巴黎奥运会女子网球单打冠军后，在赛后新闻发布会上接受了来自世界的媒体采访[①]。她的回答透露出自信和谦逊，为运动员树立了良好的榜样。

在这种场景下，记者的提问是为了获取有价值的新闻信息。所谓"价值"，即通过采访挖掘出对公众有重要意义、能够引发共鸣的信息或回应社会对赛事的关切。此外，记者还会在现场通过敏锐的观察，如通过运动员的言语、情绪、服饰等捕捉细节背后的故事。

在目标受众一节阐述了"马斯洛需求层次"这一概念，它包括人类需求的八阶段模型。笔者将提问对照需求层次理论，对记者的意图及满足观众需求进行了分析，详见表6-13。

表6-13　郑钦文奥运会赛后采访记者需求分析

马斯洛八阶段模型	对应的问题	记者提问意图及满足观众需求分析
生理需求	1. 现在身体状况如何？ 2. 比赛胜利后躺在地上时感受是什么？ 3. 是什么力量让你坚持到最后？	了解她在高强度比赛中的身体承受力和体力消耗，展示运动员的毅力与韧性
安全需求	1. 前段时间成绩不好时，如何调整自己的心理和身体状态来准备奥运会？ 2. 你是如何应对为国征战的压力的？	记者希望了解运动员面对挫折和高压环境时心理上的调整策略和情感管理，确保是否能有效应对压力，不被消极情绪或心理波动影响表现

[①] 郑钦文21岁就有这般谈吐！奥运夺金赛后采访完整版！直呼厉害.［EB/OL］.（2024-08-04）［2024-11-23］. https://www.bilibili.com/video/BV1fJiFe2E3E/.

续表

马斯洛八阶段模型	对应的问题	记者提问意图及满足观众需求分析
归属和爱的需求	1. 你想对正在熬夜看你比赛的孩子们说些什么？ 2. 你对在家乡比赛的期待是什么？ 3. 你对你的混双搭档有什么想说的？	记者通过探讨运动员与支持者、家乡及队友的情感联系，展示运动员在比赛中的情感世界和社交互动。这类问题突出运动员的社交支持系统，以及运动员如何回应他人的期待，满足观众对运动员个人生活与社会关系的好奇心，特别是与家庭、队友、粉丝的情感连接方面
尊重的需求	1. 这枚奥运金牌对你未来职业巡回赛有什么帮助和提升？ 2. 你如何评价自己在中国体育方面的历史贡献？ 3. 你是否同意"Queen Wen（文女王）"的称号？	记者希望通过采访了解运动员的成就感、对个人地位的看法，以及对未来职业发展的期望。这类问题展示了运动员的自我评价，能够满足观众对运动员社会角色和成就感的好奇心
认知需求	你在过去半年中的成长和蜕变是什么？	认知需求侧重于对过去的反思和学习，以帮助未来成长。记者希望了解运动员如何从失败和胜利中学习并提升自己
审美需求	目前没有相关提问	这一需求层次围绕比赛动作的美感和竞技的艺术性，也可以针对审美标准的价值观进行探讨，如网络热议话题"郑钦文带火的'肌肉美'整顿'白瘦幼'审美"
自我实现的需求	你对自己未来职业生涯的期望是什么？	自我实现需求强调的是未来发展目标，涉及实现个人潜能的追求。这类问题展现了运动员在达到一个里程碑后的进一步追求，强调如何通过设定目标、挑战自我达到个人能力顶峰

续表

马斯洛八阶段模型	对应的问题	记者提问意图及满足观众需求分析
超越需求	作为榜样，你如何引领年轻一代？	记者希望了解运动员如何通过个人成就和影响力，帮助和引领他人实现更大的目标，满足观众对运动员作为社会楷模和引领者的期望

运动员面对记者的提问，可以参考马斯洛需要层次理论，明确问题背后的需求和意图，从而精准作答，获得广泛传播。下面根据郑钦文的回答对采访做结构化分析，以更好地理解和学习。

▶ **采访克服困难类主题结构化模式**

需求分析：生理需求是最基础的层次，包括个体维持生命所必需的食物、水、空气、休息等。对于运动员来说，生理需求具体为体能、健康、恢复状态等与身体直接相关的内容。

媒体诉求：通过询问运动员的身体状况等，希望揭示他们如何面对身体极限并坚持下去，塑造运动员顽强拼搏的形象。

回答策略：体现困难的细节＋克服困难的信念支撑（个人目标、荣誉感、责任感等）。

▶ 例如：

记者：刚才看到你的腿和手都绑着绷带。你现在的身体是一个什么样的情况？这个星期很辛苦，鏖战了这么多天，是什么力量让你坚持到了最后？

郑钦文：我的身体状况是，基本上打完第三场比赛以后，我就一直处于疼痛的状态。从那以后，我就一直绑着绷带在打。我觉得坚持下来真的很不容易，

> 对记者提出的身体状况直接回应，描述了身体的疲劳与伤痛。用3场比赛后身体疼痛和高温下征战5场9小时等细节来讲述身体承受的极限。

因为这是我第一次连续 5 场作战，之前从来都没有任何一项赛事是要连续打 5 场的，包括中间这三场。我总共征战了 9 个小时，天气也很热，我觉得我突破了自己的一个极限。参加奥运会之前我就知道，即使身体不行，这场比赛我也不能停止。如果是普通比赛，我可能会考虑如果继续下去，身体健康会受到严重伤害，那就算了吧，但是奥运会不是这样，我会拼到最后一刻，这是我还没上场前就确定的信念。可能正是这份信念，没有退路可走，我才取得那么多场胜利。

> **采访应对压力类主题结构化模式**

需求分析：这属于安全需求问题。安全需求位于生理需求之后，涵盖了个体在生理和心理两个方面的稳定与安全感。这类需求是运动员的常态，他们在保持高竞技水平的同时，还要面对伤病、压力、成绩不稳定等带来的挑战。

媒体诉求：通过运动员如何面对挫折和高压环境，特别是心理上的调整策略和情感管理，了解运动员能否安全应对压力，这样有利于塑造坚韧不拔、成熟与智慧的媒介形象。

回答策略：回顾经历并吸取教训 + 改进策略及实现成功（未来展望）。

《路透社》记者：前段时间成绩不是那么好的时候，是如何调整自己的心理和身体状态来准备奥运会的？这次有没有觉得任何事情自己都能做到？

郑钦文：其实我在法网失利的时候，就非常清楚我为什么会输掉那场比赛，法网的失败带给我很多教训。但是，温网又是另外一回事，温网其实在比赛的前三天，我的右手臂不太舒服，比赛的前一天，我的眼睛特别肿，包括我看球的时候，其实看的都不是

> 首先回应记者问及"成绩不那么好的时候"，即法网和温网失败后吸取的教训，补充导致"成绩不佳"的细节，如手臂疼、眼睛肿等。

> 分析自己所做的改变，如更加平静、耐心，避免之前的错误再次发生。

我平时那个感觉。没关系，人的身体不可能一直是好的，有时会出现问题。所以我这次站在红土场上的时候，我吸取了法网输球的教训，我打得比平时更加冷静，我拥有更多的耐心，我没有像上次那样想一拍子把对手打死。我想正是因为这份耐心和冷静，才带给我今天的胜利；也包括在那么多个艰难的时刻，我都能够逆转。

当成绩不理想时，回答策略可以调整为"回顾经历并吸取教训+改进策略并展望未来"。

2024年9月，刚刚取得奥运会金牌的郑钦文却止步美网八强。面对成绩起伏，郑钦文客观地看待自己的表现："如果给自己打分的话，我打80分吧。这个八强成绩也是平了我在美网的最好成绩，虽然没能突破纪录，但这也是成长的代价。我不会气馁，在哪儿跌倒就在哪儿爬起来。"

➢ 采访情感类主题结构化模式

需求分析：这属于归属和爱的需求，指个人情感上的满足，还包含个体希望被接纳、被认可的渴望。运动员不仅渴望获得比赛的胜利，也希望通过自己的表现与球队、国家、支持者建立紧密的情感联系，形成集体归属感。

媒体诉求：李娜曾是郑钦文的偶像，如今郑钦文也逐渐成为人们心中的偶像，形成跨代的情感传承。记者希望通过探讨运动员与支持者、家乡及队友的情感联系，展示她在比赛中的情感世界和社交互动。这类问题突出运动员的社交支持系统，回应他人期待，满足观众对运动员个人生活与社会关系的兴趣，特别是与家庭、队友、粉丝的情感连接。

回答策略：鼓励梦想+分享经历。

> 通过自己的经验鼓励他人追求个人成长与成功，这是对自我价值实现的体现。

《济南时报·新黄河》记者：正如当年你在电视机前看李娜在法网夺冠那样，你想对现在午夜正在熬夜看你比赛的孩子们说些什么？

郑钦文：我想对他们说，Dream Big（敢于梦想），请勇敢地去做梦，因为你只有去做梦，才能够有一个目标去实现。但是更别忘了，这一路上可能会有艰辛，会有困难、疑惑、怀疑、泪水和失败，但是一定要享受这个过程，因为所有的失败都是为了那一刻的成功。如果你站在我今天这个位置上，你会发现过去一切的付出，在这一刻真的都是值得的，我觉得人生就是不虚此行。

> 分享自己的奋斗历程，让观众和支持者理解成功并非一蹴而就，与观众产生情感共鸣。这样的鼓舞更真实、接地气，避免"假大空"口号。

这类问题是运动员在各种场合接受采访时常被问及的典型问题，是展现"以体育人"理念、发挥体育社会化功能的重要载体。然而，有些运动员的回答则流于表面，如"加油""努力干"，缺乏深思熟虑与充分准备，未能有效传递出其个人价值与社会责任感。对此，建议运动员提前深入思考个人成就的意义，结合自身经历，展现对体育精神、历史贡献及对社会责任的理解，这样不仅有利于塑造自己在公众心中的正面形象，还可以弘扬体育精神，发挥体育在推动社会进步、凝聚国家认同感中的重要作用。

➤ 采访个人成就类主题结构化模式

需求分析：这类问题涉及个人成就和公众对运动员的认可。

媒体诉求：记者提问中强调了中国人在奥林匹克历史中的崛起，尤其是郑钦文可能成为中国在网球项目上的首位奥运单打冠军。这体现了她不仅仅是一名运动员，还具有推动中国体育历史发展的象征意义。媒体希望通过这样的问题展示郑钦文的历史地位和她对中国体育的贡献，以帮助观众增强对她职业成就的认同感，激发更多的社会尊重。

回答策略：适度肯定个人成就＋强调传承＋国家荣誉/独特贡献（避免直接比较）＋聚焦未来。

记者： 在1924年巴黎奥运会上，首次在网球比赛中出现中国人的名字。一晃百年，中国走过了百年沧桑迈入繁荣富强。在百年后的巴黎，你作为中国选手，可能在这个奥运会上拿到了网球项目首个单打冠军，你如何评价自己为中国体育做出的历史贡献？

郑钦文： 我非常开心能成为历史的开创者，我一直很羡慕那些可以创造历史的人，包括娜姐就是创造历史的人，也包括我在打比赛之前，在看刘翔2004年在雅典奥运会一战成名拿到冠军的那个瞬间。不瞒你们说，其实我这几天看了很多遍那个视频，我一直在激励自己。我看过他的一个采访，他说他21岁拿到这个冠军，那是他的人生巅峰。我想我今年也是21岁，正好20年后的今天我站在这个赛场上，我觉得我也可以做到。这几天，我看中国的奥运健将一直在为中国拿金牌、拿银牌、拿铜牌，一直在征战，这些一直在激励着我，因为我想成为他们中的一员。每场比赛，我都会无数遍地回看这些视频，给自己寻找力量。

> 大方承认自己的成就，向公众传递自信。

> 提及李娜、刘翔的成就，表达对前辈的尊敬，从他们身上汲取力量，体现出在取得个人成就的同时，肩负历史使命感。

> "我想成为他们中的一员"表现出强烈的集体荣誉感，使她的个人成就与国家荣誉紧密联系在一起，从而获得了更广泛的社会认可与尊重。

通过"开创历史"和"光荣传承"的双重策略，郑钦文不仅在回答中表达了对个人成就的满足感，还将自己定位为推动中国体育发展的重要角色。这使她在公众眼中不仅仅是竞技场上的胜利者，还是一个推动体育进步的象征人物。这样的历史性角色赋予了她更高的社会地位，使她的贡献超越了个人，成为中国体育强国建设的一部分。

采访中记者常提及其他有历史贡献的运动员以进行比较，在郑钦文的采访中也不例外，运动员可以采用"独特贡献（避免直接比较）+ 聚焦未来"的回答策略。

《路透社》记者： 你刚才提到作为你的一个榜样，

现在其实你拿奥运会金牌是她之前没有拿到的一个成绩。作为一个比较，你对自己未来职业生涯的期望是什么？

郑钦文：我觉得很难去比较，因为每个时代有每个时代的英雄，每个时代都有每个时代的成功者。娜姐不管怎么样，她都是亚洲第一人，因为她是第一个拿到大满贯冠军的球员。我现在取得的成绩是，我是第一个拿到奥运会冠军的亚洲球员，我也同时创造了历史。但是我还有路要走，因为大满贯也是我的梦想之一。娜姐她们是那个时代的引领者，但是我能做到哪一步，我今后又能走到哪里，取决于我自己接下来的努力。我也希望可以达到自己的极限，成为更好的球员，成为一个更好的自己，甚至说可以引领年轻一代。

> 使用"每个时代有每个时代的英雄"，避免直接比较。

> 用未来的努力目标转移话题。

《中国日报》记者：这枚金牌是国际上多少著名网球选手、职业选手终其一生想拿到的，都没能实现。你现在实现了，你觉得这枚奥运金牌对你以后返回职业巡回赛场有什么帮助和提升？

郑钦文：这个提升和帮助可真是太大了，它会让我放松地去打球。如果我输了比赛，我直接跟他说我是奥运会冠军。德约科维奇已经是一个很成功的球员，他拿了24个大满贯冠军，已经是 legend（传奇）中的 legend，就完全没有办法去比较，你懂吗？即使他没有拿冠军，他也是传奇中的传奇。

> 使用"legend 中的 legend"，避免直接比较。

▶ 采访自我认知类结构化模式

需求分析：每个人都有不断自我反思与成长的需要。这类提问针对运动员如何在赛场内外提升自己，为受众提供社会化经验的参照，体现出运动员的情感利益。

媒体诉求：通过比较郑钦文在不同比赛中的表现，记者希望展示她的成长和进步，以满足观众对运动员自我认知经验的好奇心。

回答策略：反思过去（技能价值）+ 应用当下（精神价值）。

记者：你在半年前的澳网决赛当中是以 6∶2、6∶3 的比分输给萨巴伦卡，但这次在奥运会中你以相同的比分赢得了比赛。你觉得在这半年中你的成长蜕变在哪里？

郑钦文：蜕变就是在比赛当中学会了永远不要小看任何一分，因为每一分都可能是一场比赛的转折点，包括要永远冷静地处理比赛场上的情绪，我曾经因为不冷静而失去了法网比赛的胜利，我曾经也因为不冷静而输掉了很多比赛。我慢慢从中吸取经验和教训。例如，与萨巴伦卡那场比赛，我可能因为太激动、太紧张，以及对于比赛胜利的渴望，而没有发挥出自己完整的实力。所以说今天上场时，我就希望自己享受比赛，给自己一个明确的目标，这样反而打得更加轻松。我觉得这个冠军对我来说，意味着成长，意味着收获，意味着一切！

> 通过反思过往技能的得失经验展示自我改进的认知过程，表明成长不是瞬间的，而是通过不断学习和总结得来的，凸显真实的成长过程。

> 将之前的认知收获运用到当前比赛，体现"知信行"的完整过程，升华为对体育精神的理解。

（二）叙事性场景

叙事性场景包括纪录片、电影、动漫、广告代言等，旨在深度挖掘运动员个人成长历程，强调叙事的连贯性和深度。相比即时性场景（如赛后采访），叙事性场景更注重情感连接和人物塑造的层次感。运动员要从核心价值观、社会情境、事实支持、情感利益这四个方面进行深入分析和展现。核心价值观是运动员形象的灵魂，通过一贯的价值传达，运动员的公众形象能够更加统一和可信。社会情境是人物成长的历史环境等，为运动员的故事提供深厚的价值张力。事实支持则分为定量事实支持和定性事实支持。最后的重点是为了情感利益的输出，即通过展示运动员的情感起伏和个人奋斗，让观众产生更强烈的情感共鸣。笔者将从四种媒介形态分别举例分析。

1. 纪录片叙事性场景解析——以纪录片《冬奥之约》为例

纪录片被誉为"国家相册"，是一种无国界进行交流的文化工具。纪录片的出资者多为政府、传统媒体（如电视台、纸媒的网络版）、互联网平台、公益机构、企业等，以真实性和思想性为核心，是运动员塑造正面媒介形象的最佳媒介形态之一。通过拍摄现实生活中的影像，经过人为加工，纪录片将真实的人物、空间、事件等事实信息呈现在观众面前，将他们带进新的世界，展示运动员在各种境遇中精彩的、富有挑战的、令人烦恼的甚至是幽默讽刺的情景。① 真实且具有情感张力的表达方式，能够最大限度地引发观众的共鸣并强化情感认同。相比电影、戏剧，它更加真实；相比综艺，它更具沉浸感和连续性；相比新媒体，它更加严肃、权威。运动员在接受纪录片采访时，重点强调核心价值观＋社会情境＋事实支撑＝情感利益的输出。价值观通常是纪录片暗藏的价值导向，事实支持是非常重要的环节。我国运动员在国际舆论环境中处于"围剿"态势，西方国家对中国运动员优异成绩取得的方式持怀疑态度。这就更需要运动员主动介绍训练细节、展示科技手段等。下面笔者以担任导演的人物纪录片《冬奥之约》第一集《梦的追逐》为例，讲解面对纪录片这一媒介形态时，运动员应该做哪些准备，以更好借助媒体呈现优秀的媒介形象。

（1）核心价值观

纪录片的核心价值观处于主导地位，负责传递运动员的内在精神和信念（如坚韧、拼搏、团队精神等），阐述运动员关于某方面持续性的观念。运动员如果没有经过专门指导和提示，通常不确定自己的核心价值观是什么，可以先请导演提交采访提纲以了解意图。运动员要给出反馈和提问的事实支持，以便

---

① 伯纳德.纪录片也要讲故事［M］.孙红云，译.2版.北京：世界图书出版公司，2011.

导演准确把握核心诉求。

在深秋时节的秦皇岛训练基地为期两天的拍摄中，从体能馆到蹦床，再到水池训练，徐梦桃彰显出了"坚韧、拼搏"这一核心价值观。这是对她多年来在自由式滑雪项目中不断挑战自我、不畏挫折、为国争光的精神浓缩与总结。徐梦桃在前三届冬奥会中均未能夺金，她在日记中写下"徐梦桃值得吗？"这样的疑问，说明她经历了深刻的内心挣扎。然而，她最终坚定选择了继续拼搏，即使在高烧状态下，她依然一次次跳进深秋冰冷的泳池中，按计划备战三周台这一高难度动作。她在片中说道："梦想就是冬奥会冠军，为祖国升国旗、奏国歌。"对于徐梦桃而言，"坚韧、拼搏"不仅是她个人的核心价值观，也成为她追求国家荣誉的强大动力。

（2）社会情境

在2022年北京冬奥会之前，中国冰雪运动一直面临"冰强雪弱"的局面。数据显示，中国在历届冬奥会上获得的13枚金牌中，有12枚来自冰上项目。中国女子空中技巧在雪上项目中具有一定优势，但在冬奥会上多次获得银牌，被称作"收银员"。

（3）事实支持

本集纪录片中专门呈现了徐梦桃训练的是FFF（直体后空翻360°接直体后空翻转体360°，接直体后空翻转体360°），和FBFF（直体后空翻转体360°接直体后空翻转体720°，接直体后空翻转体360°）两个动作。这是目前女子运动员中难度最高的动作。此外，跳台的危险性也是重要的定量事实——"徐梦桃终于站上了秦皇岛训练基地最高的跳台，她的新动作是北京2022年冬奥会冲击金牌的撒手锏。大约六层楼的高度，相比于一周台和二周台，三周台助滑道更长，起跳坡更陡，空中翻腾周数更多，难度更大"。

（4）情感利益

本集纪录片表现了徐梦桃面对失败时的内心挣扎，她在连续三届冬奥会未夺金后写下"想大喊、想哭，心里难受。难道我的努力被大风吹跑了？即使再坚持四年，我还拿梦想当作目标吗？徐梦桃值得吗？竞技体育如此残酷、真实、现实，你后悔吗？"，表达了对努力无果和内心无力的深刻自省。真诚和脆弱的情感引发观众强烈共鸣，让生活中也经历失意的人们感受到奋斗的动力。

2. 纪录电影叙事性场景解析——以纪录电影《球王贝利：巴西足球传奇》为例

2021年上线的纪录片《球王贝利：巴西足球传奇》（Pelé）讲述了巴西足球传奇人物埃德松·阿兰特斯·多·纳西门托（贝利）如何从贫穷生活中崛起，成为世界体育史上最具标志性的人物之一。

（1）核心价值观

贝利的纪录片通过贯穿巴西足球辉煌时代的个人生涯，传达了"坚韧、责任感"这一核心价值观。影片展示了贝利在球场内外的卓越表现，他不仅凭借精湛的球技赢得了全球的赞誉，而且在面对伤病、生活挑战及国家荣誉时，展现出炙热的爱国情怀。整部纪录片塑造了一个在竞技场上、社会责任和个人品德方面同样出色的伟大的运动员形象。

（2）社会情境

在20世纪60年代至20世纪70年代，巴西正处于政治动荡和社会变革时期，经历了军政府统治，民族自豪感和国际形象面临极大挑战。贝利作为足球界的超级明星，承载着恢复国家自信、提升国家声望的重任。巴西政府通过足球，尤其是借助贝利的成功塑造了强大、团结和充满希望的巴西国家形象。特别是在1970年世界杯上，他带领巴西队赢得冠军，成为民族团结和国家荣誉的象征。

提示：在纪录片拍摄时，运动员应意识到自己所处的社会背景和公众的需求。1932年刘长春一个人参加洛杉矶奥运会，象征中国登上国际体育的舞台。当时的报纸心酸地写道："我中华健儿，此次单刀赴会，万里关山，此刻国运艰难，愿诸君奋勇向前，愿来日我等后辈远离这般苦难！"许海峰在1984年洛杉矶奥运会上为中国赢得首枚奥运金牌，这正是52年前刘长春独自抵达美国的地方，象征着中国在体育竞技领域的崛起。因此在拍摄纪录片时，运动员除了展示个人成就，还应深入理解个人故事在社会变革或国家重要历史节点中被赋予更深层次的象征意义，这样有助于将个人形象向国家形象迁移。

（3）事实支持

20世纪50年代末和60年代初的世界足坛，贝利率领巴西连续获得世界杯冠军，让桑托斯一跃成为实力最强的俱乐部。贝利每场海外比赛为桑托斯带来2万美元的收入，这在20世纪60年代是一个天文数字，力压南美其他传统强队和"欧洲豪门"。贝利的总进球数超越了1000个，这个惊人的进球数据在纪录片中通过解说和历史镜头得到精彩呈现，让观众能够更加直观地感受贝利作为射手的高超技艺。

提示：应将自己职业生涯中的关键成就进行量化总结，如"获得过××次冠军""参加过×届奥运会"。如果有经纪团队，可以进行事件化营销，让观众在记住数字的同时，感受到其背后的故事和价值；也可以为导演提供第三方人选接受采访，侧面证实自己对行业、地区、国家乃至世界产生的深远影响，更好地实现外部效应。

（4）情感利益

纪录片中展现了贝利在职业生涯中面临的诸多挑战，尤其是在1970年世界杯期间，尽管面临身体上的伤痛，但他依然拼尽全力为巴西争夺冠军。这种舍己为国的牺牲精神让人敬佩。作为黑人，在种族歧视严重的时代，他借助在赛场上成功带来的影响力，积极投身于社会活动，呼吁和平与团结，展现出强烈的社会责任感，成为跨越种族隔墙的桥梁。观众在欣赏影片的同时，也能享受到精神力量和人性光辉带来的情感满足。

3. 电影叙事性场景解析——以电影《飞鹰艾迪》为例

《飞鹰艾迪》（*Eddie the Eagle*）是根据英国滑雪选手艾迪·爱德华兹真实故事改编的电影，通过高度戏剧化的叙事方式展现了他在1988年冬奥会上突破极限、实现梦想的励志历程。电影与纪录片的区别在于其高度戏剧化、夸张的人物刻画与情节安排，尤其是通过艺术化的方式处理社会情境和角色的内心成长。在影片中，虽然故事以真实事件为基础，但叙事强调了戏剧冲突和夸张的人物特点，引起观众极强的情感共鸣。

（1）核心价值观

《飞鹰艾迪》传递的核心价值观是坚持不懈、勇敢追梦的精神。电影中的艾迪遭遇了多次失败和质疑，如艾迪罹患疾病，父母认为他的理想无法实现，电影用了一系列蒙太奇手法来表现艾迪并不擅长体育活动。但他依然坚守自己的梦想，不顾周围人的嘲笑和反对，执着地走上滑雪跳台。

（2）社会情境

电影《飞鹰艾迪》以20世纪80年代的英国社会为背景，艾迪面临的是体育界的偏见、社会对"失败者"的定义，以及家庭和外界的质疑。电影中反复刻画了艾迪受到社会和专业领域的排斥与嘲笑，尤其是那些认为滑雪跳台应该是"精英运动"的奥委会官员。与纪录片不同的是，电影通过戏剧性的方式呈现反差来增强电影的叙事张力，凸显艾迪不屈服于社会定义的精神。

（3）事实支持

影片中展示了艾迪从40米跳台到70米跳台的征战过程，但夸大了他在赛事中的技术弱点，以加强他逆风翻盘的叙事效果。这种夸张为影片增添了戏剧性，也引起了观众更强的情感共鸣。纪录片通常使用真实的赛事数据和历史影像，如通过详细的滑雪技术分析和赛事成绩展示艾迪的努力和成果，以增强影片的可信度。

（4）情感利益

电影《飞鹰艾迪》中的落魄教练布朗森与艾迪的关系是情感发展的主线之一，布朗森一开始消极酗酒，后来在艾迪的坚持下他逐渐重拾信心，完成了自我救赎。通过曲折的情节发展，观众得以体验一次情感"过山车"——目睹挣扎与失败，最终因胜利或成长而获得强烈的情感满足。

4. 广告叙事性场景分析——以王霜代言南孚电池为例

2023年"五四"青年节时，王霜为南孚电池拍摄的形象广告上线。广告讲述了她 21 年的足球生涯和她第三次留洋经历。故事开始于王霜对足球的热爱,她从小就在绿茵场上奔跑,梦想成为一名优秀的足球运动员。广告中,王霜在第三次留洋时,她独自面对全新的环境和文化,适应不同的训练方法和生活方式。王霜讲述着她所理解的"能耐"真义——能"耐",才是真能耐!时隔 16 年她再度问鼎亚洲冠军也好,独自海外留洋也罢,正是背后那些"耐得住"的日子,铸就了如今足够"能耐"的王霜,成就了如今的铿锵玫瑰。那些闪闪发光的日子背后,总有许多耐住的时光在积蓄能量,比起"能",或许"耐"才更重要[①]。

(1)核心价值观

王霜的故事强调了坚持与忍耐。开篇画外音点明"所有人都能看到你的能量,那些职业生涯的高光时刻,观众会记很久。但对我来说,更多的是,一个人能'耐'住的日子"。面对挑战与困难,王霜展现出了非凡的毅力和耐心,告诉自己"耐住寂寞,一球一球踢出希望来"。这与南孚电池所倡导的"持久耐用"的产品特性高度契合。

(2)社会情境

广告这类媒介产品,由于时长很短,核心价值观、事实支持和情感利益的呈现相对突出,社会情境往往表现得不够鲜明。但每一条广告背后都从文化符号和受众的需求来间接传达社会情境。王霜为南孚电视拍摄的这支广告获得 1000 多万次的播放量,让品牌进入了公共舆论中心。2022 年中国女足在亚洲杯上夺冠,是中国女足时隔 16 年后的回归,具有重要的历史意义,增强了国家的荣誉感和民族自豪感。相比之下,中国男足在 2019 年阿联酋亚洲杯中,虽然在小组赛中出线,但在淘汰赛首轮即遭遇淘汰,未能进入八强;在 2022 年世界杯预选赛亚洲区的比赛中,中国男足未能获得直接晋级卡塔尔世界杯的资格。

(3)事实支持

失意数据:2019 年女足世界杯,中国女足 0∶2 负于意大利,止步 16 强;

---

① 中国人的「真能耐」,都藏在南孚 × 王霜的这支品牌大片里[EB/OL].(2023-05-09)[2024-11-23]. https://www.sohu.com/a/674053400_228864.

王霜参加四场比赛，一球未进；王霜因伤缺席2022年女足亚洲杯半决赛。

美国训练细节：美国足球的打法快、攻防节奏快，王霜在逐渐适应。

高光时刻：2022年亚洲杯，王霜首轮上场两传一射，7∶0击败伊朗女足；击败韩国，时隔16年登上亚洲之巅。

（4）情感利益

每个人的人生中都有一段耐住的时刻，尤其是当下时代的年轻人，他们有理想、有抱负，但暂时身处逆境，需要一段"耐住"时刻来升华自己的人生。而王霜的故事，无疑还原出个体在人生赛道蓄力向上的瞬间，刻画出时代坐标之下一个生动而鲜活的"能耐"故事和肖像。正如王霜在广告中所说："我跟所有年轻人一样，让最不切现实的梦想有机会实现，让自己骄傲的绝不是那些力挽狂澜或者拿到奖牌的时刻，而是那些耐住考验，仍然不放弃的闪亮日子。"

再以Under Armour的 *Rule Yourself* 为例进行分析。

Under Armour推出的广告片 *Rule Yourself*（译为《统治你自己》）被评为2016年第二大最受欢迎的奥运广告，也是有史以来第五大最受好评的奥运广告。每支广告时长为1分零5秒，汇集了NBA（美国职业篮球联赛）球星斯蒂芬·库里、高尔夫球星乔丹·斯皮思等明星。其核心理念基于马尔科姆·格拉德威尔的"一万小时定律"，即成功需要经过至少一万个小时的刻苦训练。为强化这一主题，广告采用军事训练风格的背景音乐，并通过五台摄像机从多个角度拍摄运动员专注训练的画面。在后期制作中，Under Armour利用特效技术，将运动员"克隆"成成千上万的个体，呈现出像军队一样整齐划一的场景，数以千计的斯蒂芬·库里在画面中同步进行训练。

Under Armour通过军事化训练场景，传达库里、斯皮思等明星运动员，即使身处巅峰时刻，但仍然需要日复一日地重复千万次进行训练。为此，他们必须在自己心中建立一支"军队"，严格鞭策和"统治自己"，以忍受艰苦的训练过程。这也是这则广告所传达的核心价值观。"运动看似很简单，但人们必须经历成千上万次训练,才能达到理想的效果,这是全球范围内所有体育明星的共同点。这就是'统治自己'的意义和概念。"这样的品牌广告和品牌故事可以激励专业运动员或业余爱好者[①]。

迈克尔·菲尔普斯在这支广告中体现出的情感利益更为鲜明。有研究表明"广告片以戏剧性和情感强烈的基调,激发了广大观众的强烈情感反应。47%的观众最广泛感受到的是启发情绪,而18岁至24岁的千禧一代对此情绪的感受尤为强烈,达到了68%。这一现象很可能与迈克尔·菲尔普斯的巨星效应有关,因为他自小便是许多千禧一代心目中的英雄。整部广告片通过展示奥运健儿的训练场景,以及最后用一句话——'正是你在黑暗中所做的,才将你带入光明'结束,令观众感受到极大的启发和鼓舞"。

纪录片、纪录电影和广告这三种典型的叙事性场景,对于运动员塑造媒介形象各有所长。纪录片以真实性和思想性为核心,相比之下电影则通过戏剧化的情节和夸大的人物刻画来增强情感冲击力。短小精悍的广告则通过高强度的视觉冲击,迅速传达品牌价值和运动员的个性形象。纪录片和广告是大多数运动员面对的叙事性场景,如果运动员能积极参与脚本的创作和表达,尤其对于"隐性知识"的建议,则更利于充分展现自身优势,掌握形象管理的主动权。

(三)互动性场景

互动性场景主要包括综艺节目和社交媒体,它强调通过娱乐性凸显运动员的亲和力和幽默感,借助分享生活、训练片段或回应热点话题,增加即时性和互动性。该场景中涉及的综艺节目和社交媒体均是当前网络流量的流量高地,但同时也是一把双刃剑,选择一档能够充分展现个人特点的综艺节目,会给运动员带来更多选择的机会。同样,运动员也要避免因曝光过度或泛娱乐化而引发个人形象的塌方。"泛娱乐化"是指在消费主义、享乐主义的引领下,

---

① 斯蒂芬·库里领衔出镜 Under Armour 第一支品牌大广告[EB/OL].(2015-08-26)[2024-11-23]. https://m.jiemian.com/article/362845.html.

媒体以体育明星为主体，制作、生产、传播满足浅层次娱乐需求的内容创作倾向。

1. 综艺和社交媒体内容火热的产业背景

近几年，国内以体育元素为主的综艺节目异军突起，吸引了大量非核心体育迷，人气超过绝大多数高水平职业体育比赛。清华大学公共管理学院教授江小涓分析指出，我国人均 GDP 已经迈过 1 万美元并继续向高收入国家水平攀升[①]，从国际经验看，体育产业将持续较快增长，成为国民经济支柱性产业。"十四五"时期，在 5G、人工智能、大数据、云计算、物联网和各种智能设备制造等技术和产业支撑下，数字技术对我国体育产业的推动作用将全面呈现。以网络平台为例，一方面，我国移动互联网接入人数超过 11 亿，人均每日线上时间超过 6 小时，线上市场总规模巨大，能够支撑的数字体育市场规模超过任何一个国家；另一方面，平台需要开发聚集丰富多元的产品线和服务内容以吸引巨量消费者，从而最大化地利用平台效应。在各类平台内容中，体育相关内容，特别是体育比赛是关注度最高的内容之一。网络平台依托其强大的互动能力，个性化地推送核心赛事信息、场内外趣闻逸事等，吸引大批核心体育迷、非核心体育迷和非体育爱好者的关注，后两类信息的关注度往往数倍于核心赛事信息。在维持平台足够热度的同时，还要吸引潜在消费者，促其达成线上消费[②]。放眼全球范围，通过娱乐方式扩大体育影响力的方式，并非中国独有——美国奥委会希望利用电视选秀节目的影响力，寻找继续称霸体坛的奥运明星。

2. 综艺节目的价值观定位

2018 年 10 月，国家广播电视总局关于《进一步加强广播电视和网络视听文艺节目管理的通知》指出，文艺节目要牢牢把握正确的政治方向，强化价

---

① 国家统计局局长就 2023 年全年国民经济运行情况答记者问［EB/OL］.（2024-01-17）［2024-11-24］. https://www.stats.gov.cn/sj/sjjd/202401/t20240117_1946664.html.
② 江小涓. 数字时代中国体育产业发展展望［EB/OL］.（2021-01-04）［2024-11-24］. https://www.sport.gov.cn/n20001280/n20745751/n20767297/c21123125/content.html.

值引领，着力营造清朗的文化环境和健康的精神空间，承担启迪思想、滋养心灵、涵育审美、成风化人的重要使命。广播电视和网络视听文艺节目要坚持讲品位、讲格调、讲责任，抵制低俗、庸俗、媚俗，大力弘扬社会主义核心价值观，传播正能量，坚守底线红线。这一通知出台的背景是为切实纠正文艺节目出现影视明星过多、追星炒星、泛娱乐化、高价片酬、收视率（点击率）造假等问题。这些负面效应不仅会推高制作成本、破坏行业秩序生态，而且会误导青少年盲目追星，滋长拜金主义、一夜成名等错误价值观念[①]。

基于上述经济环境、数字体育产业发展模式，以及文艺节目中娱乐明星引发的泛娱乐化等问题，具有知名度、形象健康的运动员自然成为综艺节目首选之一。知名运动员绝技在身又鲜活有趣，与粉丝互动交流，分享运动体验、生活方式、情感、时尚、情怀及梦想等，高度契合年轻网民的精神与心理需求。

3. 综艺互动性场景分析

（1）展示个性特质

女性励志综艺节目《乘风破浪的姐姐》，通过展示当代不同女性的追梦历程、现实困境和平衡选择，传递积极向上的价值观。2022年北京冬奥会冠军徐梦桃参加了第三季，其"社牛"特质得到充分放大。一上场，她就主动开启社交模式，和每一个姐姐自我介绍；她不仅与王心凌在互动时唱出《爱你》，还在被谢娜夸奖音色充满颗粒感后，立即捧场地唱出张杰的《逆战》，展现了她的音乐才华和应变能力。互动环节中，她更是热心地教粉丝正确的动作，帮助大爷大妈们压腿，充分体现了她的亲和力和社交能力。她在赛场上无法表现的个性，通过娱乐性节目得以充分展现，《社牛浪姐徐梦桃，我夸晚了》《跨界浪姐那么多，就缺她这款》等媒体报道给予较高评价。

[①] 国家广播电视总局关于进一步加强广播电视和网络视听文艺节目管理的通知[EB/OL].（2018-10-31）[2024-11-25]. https://www.gov.cn/zhengce/zhengceku/2018-12/31/content_5426573.htm.

"社牛"这一媒介形象显然与前文纪录片中展示的"前台"形象迥然不同。"前台"是观众能够直接观察到的表演场域,需要表现社会和大众所允许和期待的行为,受文化规训和社会化交往的影响。综艺节目则将体育精神从赛场"嫁接"到了"唱跳"环节,构建起超越传统运动员形象的文本符号。徐梦桃发表长文霸气喊话:"来都来了,放开整吧,临阵脱逃可不是咱们运动员的选择。"面对"已经站在自己专业领域之巅的体育明星为什么非要跨界闯荡"的质疑,她给出了自己的答案。徐梦桃在节目中的形象,以互动性的特点肩负起传达正能量的责任[1]。

(2)传递情感利益

参加《向往的生活》的武大靖通过节目被爆出"28岁的武大靖长着50岁的脚",并登上热搜[2]。《向往的生活》是一档以展示明星真实生活状态和田园生活为宗旨的综艺节目,旨在传递出一种回归自然、追求内心平静的生活理念。武大靖在围谈中平淡描述自己那双遍布伤疤、老茧和骨头变形的脚,"我有一双很丑的脚"。一旁的何炅和刘国梁却动情地说:"我觉得很漂亮,因为这是运动员的勋章,这是运动员的骄傲,这是奋斗的力量。"粉丝也纷纷表示,"这不丑,这是训练的年轮,也是最美的勋章,更是我们的骄傲"。武大靖的脚让观众对他坚韧的品质产生深刻情感认同。通过这些温情时刻,运动员的形象从"英雄"转变为"奋斗中的普通人",这种基于真实情感的共鸣有效促进了观众的情感投入与支持。

4. 社交媒体互动性场景分析

社交媒体是指互联网平台,用户可以通过这些平台进行内容的生产和交换,从而形成一个虚拟社区。社交媒体的核心特征是互动性。它不仅让用户能够分享信息和观点,还赋予每个人创造并传播内容的能力。社交媒体的形式

---

[1] 卢伟,王卢嫦."她视角"下女性媒介形象的嬗变探赜:以当下热门"她综艺"为中心的考察[J]. 当代电视,2023(10):77-82.

[2] 28岁的武大靖长着50岁的脚!何炅刘国梁都说:很美![EB/OL].(2022-02-09)[2024-12-02]. https://baijiahao.baidu.com/s?id=1724274332241146674&wfr=spider&for=pc.

多种多样，中国国内主要的社交媒体平台包括微信、微博、抖音、快手、小红书、哔哩哔哩（B 站）、知乎等。这些平台各具特色，吸引了数以亿计的用户，并在不同的用户群体中占据重要地位。国外社交媒体包括 Facebook、X、Instagram、LinkedIn 和 YouTube 等。

美国学者查尔斯·霍顿·库利在《人类本性与社会秩序》中提出，人的行为取决于对自我的认知，而这种认知主要通过与他人的社会互动完成。对于运动员而言，社交媒体互动既是建立自我认知的方式，也是表达自我认知的重要途径。

在体育传播中，用户对运动员的认知倾向与运动员在媒体渠道上出现的频率和内容有密切关系。两者相互影响、相互补充。因此，运动员在社交媒体上发布内容的频率、形式是公众形象塑造的关键。

本部分重点分析运动员在社交媒体上的内容发布策略，探讨如何利用平台的互动特征塑造良好的个性形象。

（1）国外运动员通过社交媒体发布内容分类

学者延怡冉、张德胜对 2019 年 ESPN 百大运动员榜单排名前 10 的运动员——克里斯蒂亚诺·罗纳尔多、勒布朗·詹姆斯、利昂内尔·梅西、内马尔·达·席尔瓦·儒尼奥尔、康纳·麦格雷戈、罗杰·费德勒、维拉特·科利、拉菲尔·纳达尔、斯蒂芬·库里、泰格·伍兹等的社交媒体账号内容进行了细化研究[①]。ESPN 是当前最大、最著名、24 小时专门播放体育节目的美国有线电视联播网，其历年发布的百大运动员榜单在国际体育领域具有一定的权威性和知名度。这些运动员明星的社交账号在 Facebook、Twitter、Instagram 上在活跃度与黏度方面均位居世界前列（见表 6-14、表 6-15）。

---

① 延怡冉，张德胜.国外体育明星利用社交媒体传播的现状及启示［J］.体育成人教育学刊，2020，36（3）：77-83，2.

表 6-14 国外体育明星在 Facebook、Twitter、Instagram 上的粉丝数量

体育明星	Facebook 粉丝数量	Twitter 粉丝数量	Instagram 粉丝数量	粉丝总数	运动项目	每条 Ins 价值（美元）
罗纳尔多	1.2 亿	7 680 万	1.5 亿	3.4 亿	足球	750 000
内马尔	5 981 万	4 249 万	1.1 亿	2.1 亿	足球	600 000
梅西	8 846 万	45 万	1.1 亿	1.9 亿	足球	500 000
詹姆斯	2 275 万	4 225 万	4 735 万	1.1 亿	篮球	120 000
科利	3 691 万	2 865 万	3 047 万	9 603 万	板球	120 000
库里	829 万	1 321 万	2 449 万	4 599 万	篮球	110 000
麦格雷戈	791 万	741 万	3 048 万	4 580 万	综合格斗	125 000
纳达尔	1 398 万	1 555 万	652 万	3 605 万	网球	无数据
费德勒	1 446 万	1 242 万	588 万	3 276 万	网球	无数据
伍兹	291 万	937 万	153 万	1 381 万	高尔夫球	无数据

注：数据截止到 2019 年 3 月 8 日。

表 6-15 国外体育明星在 Facebook、Twitter、Instagram 上的传播内容

体育明星	总发帖量（个）	比赛特写、工作情况（占比%）	记录生活、感悟人生（占比%）	发布广告、商业营销（占比%）	推广慈善、投身公益（占比%）
罗纳尔多	791	43.8	24.7	29.2	2.3
内马尔	815	31.3	53.2	13.4	1.9
梅西	201	54.2	30.0	16.1	1.7
詹姆斯	806	38.2	44.1	16.7	0.1
科利	574	28.6	45.7	36.7	0.1
库里	347	40.0	36.0	23.0	2.0

续表

体育明星	总发帖量（个）	比赛特写、工作情况（占比%）	记录生活、感悟人生（占比%）	发布广告、商业营销（占比%）	推广慈善、投身公益（占比%）
麦格雷戈	824	35.2	39.4	25.8	0.1
纳达尔	503	50.3	16.6	30.1	0.1
费德勒	271	43.1	39.7	0.9	0.9
伍兹	408	29.4	5.9	51.0	13.7
平均值	554	39.4	33.5	24.3	2.2

注：占比根据内容种类重复计算。

国外体育明星主要使用的社交媒体有 Facebook、X、Instagram。图 6-3 显示出，一是国外体育明星在社交媒体上的传播内容，主要包括比赛特写、工作情况与记录生活、感悟人生等，平均占比为 39.4%、33.5%；二是发布广告，利用庞大的粉丝群体进行商业营销，平均占比为 24.3%；三是推广慈善、投身于公益的内容，平均占比为 2.2%。在帖文的互动量及话题热度方面，国外体育明星的个人生活最受大众关注，尤其是家庭生活。国外体育明星在公开自己的个人生活方面开放度较高，这也使得国外体育明星的媒介形象更加鲜活。

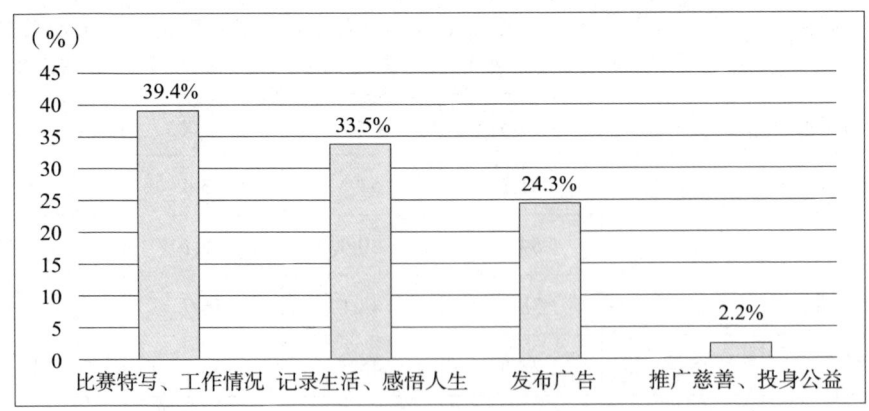

图6-3 外国明星运动员在社交媒体发布内容分类占比

媒体呈现的体育名人形象会显著影响公众对他们的看法和其市场价值。一位有着高品牌认可度且形象正面的体育名人通常能够收获更高的薪酬、广告收入等。即便在运动成绩不佳或者退役的情况下，费德勒仍然能持续得到粉丝的支持。此外，这种品牌力量还能为体育名人开启进入演艺、商业甚至国际重要活动等的大门。在挑选品牌代言人时，品牌商会考量体育名人在社交媒体上的受欢迎程度，以评估其商业潜力。国际体育名人和他们的经纪公司高度重视对社交媒体账号的管理，借助专业团队打造坚实的个人品牌形象，充分挖掘并提升体育名人的商业潜能，从而将他们的品牌价值转化为更大的商业利益和影响力。

（2）运动员通过社交媒体发布内容需要注意的事项

运动员应了解不同媒介的类型及功能，精准传播内容，让传播效果最大化，增强粉丝黏性（见图6-4）。

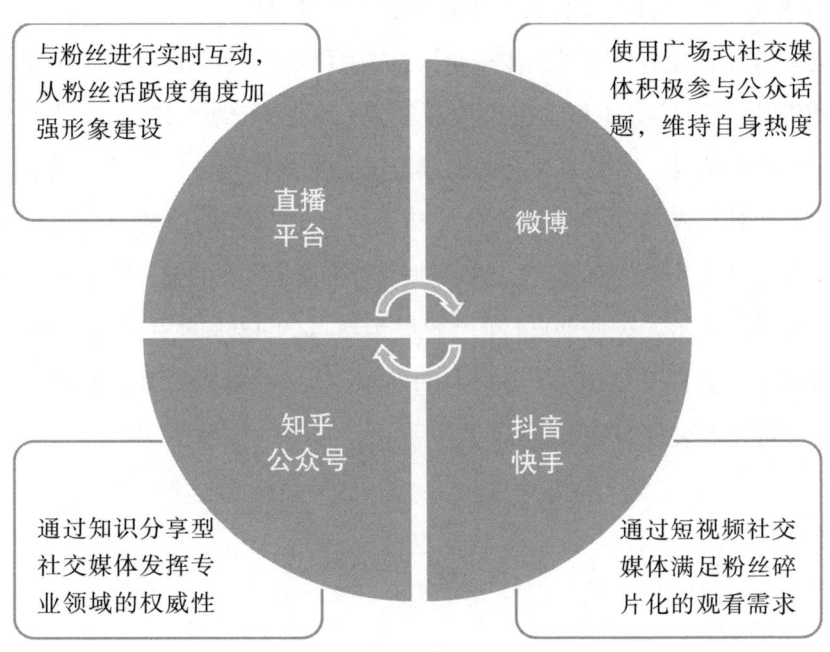

图6-4　媒介分类及功能分析

① 注意个人符号化设计，实现符号联想与意义转移

"符号化"是指将特定人物、事物或概念赋予象征意义，从而通过符号实现意义的联想与转移。体育明星不仅被视为个人，还成为特定体育项目或价值观的象征。例如，苏炳添在东京奥运会男子 100 米半决赛中以 9 秒 83 的成绩打破亚洲纪录，震惊世界。这一成绩不仅超越了年龄和伤病的限制，还使他成为电子计时以来首位进入奥运会男子 100 米半决赛的中国选手。这种超越极限的表现，使他被誉为"中国飞人"和"亚洲之光"，成为体育界的传奇人物。当他出现在媒体上时，形成与该项目某种程度上的等同关系。这种符号化可以有效实现社会主流价值观的转喻与修辞幻象，建立起体育明星与观众之间的信任关系，成为一种极具说服力的策略。小米集团在奥运会期间邀请苏炳添担任品牌代言人，通过苏炳添的速度与激情等特质赋予了小米不断突破自我、追求极限的品牌精神。前文分析的王霜代言南孚电池的广告也蕴含相同的道理。

② 展示真实个性与文化自信更容易引发受众共鸣

运动员在社交媒体上发布内容时，应注意表现自己的真实个性和文化自信，积极传递体育精神和主流价值观。克劳锐发布的《2024 奥运社交内容洞察》[①] 报告显示，以微博为例，巴黎奥运会期间用户主要关注运动员场下生活、勇敢拼搏的精神价值等多元社交热点内容。38% 的微博用户被精神和价值观吸引，呈现"要强直率""坚毅拼搏""自信专注下的松弛"等标签（见图 6-5）。数据还显示，关注 2024 年巴黎奥运热点的 42% 的用户都是 00 后，相较于东京奥运会提升了 20%。00 后用户被运动员在赛事、采访和幕后花絮中既自信又可爱的表现所吸引。

---

① 2024 年巴黎奥运会社交热点价值及趋势洞察 [EB/OL].（2024-10-20）[2024-12-12]. https://www.douban.com/note/867023262/?_i=0817884teFeGdL.

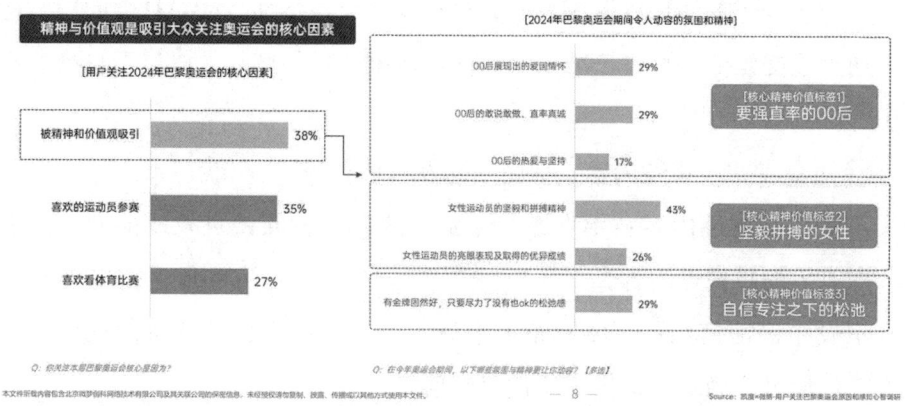

图6-5 克劳锐发布的《2024奥运社交内容洞察》报告部分内容

作为公众人物，运动员必须意识到群体对其社会角色与身份的期望，并在此基础上设定行为准则。这些社会期望不仅成为运动员的自律标准，也为观众树立了行为规范的参照。通过合理引导和积极示范，运动员能有效传播体育文化，推动社会形成正向价值观，在社会公认的价值标准和行为规范中扮演榜样角色。

③助力国家形象塑造，以主流价值引导抑制"圈饭文化"

运动员被称为"穿着运动衣的外交官"，是塑造良好国家形象的重要力量。在国际体育赛事中，运动员通过社交媒体发布内容时要考虑不同文化背景的受众差异，尽量减少因"文化障碍"导致的价值流失，选择全球受众理解的叙述方式和故事进行表达。可以利用全球共通的情感（如和平、友谊）和普遍认可的美德（如勇气、坚韧），展示训练过程、比赛瞬间和情感流露，这些视觉符号能够跨越语言和文化障碍，更好地传达信息。杭州亚运会上，与病魔抗争的日本运动员池江璃花子没有向命运认输，令与她同场竞技的中国运动员张雨霏感动落泪。这种跨文化情感能够有效提高运动员个人及其代表国家的好感度，展示国家的软实力。

此外，运动员在社交媒体上应注重价值引领，通过塑造具有社会责任感的公众形象抑制"饭圈文化"的蔓延。运动员可以在社会公益、环保，以及关心青少年、老年等弱势群体等方面分享自身的公益行动，或对社会问题表达关注，通过社交媒体分享自己减少塑料使用或推广环保产品，以展示自己的环保意识等。

④ 避免发布歧视性内容、保密信息及虚假信息

不发布歧视性内容：不发布与年龄、残疾、种族、宗教或信仰、性别或性取向有关的歧视性内容。

不发布保密信息：不要发布关于战术、训练或非公开准备的信息，也不要发布任何可能为对手提供竞争优势的信息。

保持专业和尊重：不要贬低队友、工作人员、其他国家协会的球员、裁判员和/或公共机构的人员。在社交平台上保持专业和尊重，不要使用侮辱性语言。

未经批准不得发布内部信息：未经批准，不要发布更衣室、训练场等内部内容的照片，也不要发布有关伤病、诊断或缺席原因的信息。

遵守体育道德：不要发布违反体育道德规则的内容。

不提供虚假希望：不要在比赛前或比赛期间向粉丝提供虚假希望和过高期望。

分享内容需谨慎：如果分享或转发帖子，请在发布前检查内容和粉丝的个人资料是否可靠。

三、跨媒介叙事

跨媒介叙事是指通过不同媒介形式讲述同一个故事，每种媒介都对整个故事做出独特而有价值的贡献，而不是简单的重复或改编。例如，通过电影、社交媒体、书籍、纪录片、电子游戏等不同媒介之间的合作和互补，以实现故事的丰富性和完整性。2024年8月，国产首部3A游戏《黑神话：悟空》爆火，带动多个文化板块一起获得泼天流量与经济效益。"悟空"是中华民族集

体记忆中的超级英雄,美猴王形象在国内外都是超级 IP。从最初的"猴戏"到彩色动画长片《大闹天宫》,到 86 版电视剧《西游记》,再到以《大话西游》等为代表的西游题材改编的电影,经典文学作品《西游记》成为中国文学跨媒介叙事的典范。

跨媒介叙事不仅涉及技术、产业、市场、内容风格和受众之间的关系变化,还是融合文化发展的必然选择,符合媒介行业合作和受众快速迁移的行为习惯。[①] 成功的跨媒体叙事能够强化和丰富阅读体验、丰富媒介形象。

(一)跨媒介叙事的主要类型

参考我国文学跨媒介叙事的类型,跨媒介叙事的类型具体包括视听文本、游戏文本、微媒体文本和海外授权文本等。视听文本将文学改编为电影、电视(纪录片、电视剧等)、动漫、戏剧、文化综艺类节目、有声读物等。游戏文本正迅速成为大众文化的主力军,特别是随着互联网和移动技术的快速迭代,电子游戏对文学进行文本再创造带来前所未有的审美经验。微媒体文本是指基于移动端生成的文学性文本,如网络连载小说、连载漫画、短视频等。海外授权文本正在成为国外读者接受中国文化的重要方式。

乔根·布鲁恩(Jørgen Bruhn)提出了一个跨媒介叙事文本分析的三步模型。第一步是对个案文本中的媒介产品、媒介类型和跨媒介性特征进行全面、宽泛的定位,从文本中识别出媒介要素,并形成关于跨媒介性的分析列表。第二步是对媒介要素进行结构化,即将在第一步骤中获得的混乱的列表进行抽象组合,以形成某种可理解的、连贯的结构。较之第二步的结构化,分析步骤的第三步则是语境化,即将第二步骤中所获得的结构放置于一个更大的背景中进行分析。这个背景是各种可能与第二步中所得到的结构相关的分析框架,可以是技术背景、美学背景、社会意识形态背景或艺术社会学背景等。

科比·布莱恩特是篮球史上最伟大的球员之一,他是一个真正的偶像,他

[①] 钟雅琴.超越"故事世界":文学跨媒介叙事的运行模式与研究进路[J].文艺争鸣,2019(8):126-134.

的传奇不仅仅在于他的球技，还在于他如何用自己的故事激励了无数人，成为跨越时代的英雄。他的媒介形象通过电影、广告、社交媒体等多元叙述渠道，构建出价值观连贯的、充满感染力的故事世界，是运动员学习运用跨媒介叙事塑造媒介形象的经典案例。

（二）跨媒介叙事文本分析三步模型法

1. 识别跨媒介性产品列表

在科比的职业生涯和退役后的形象塑造中，涉及多种形象产品和形态，本书重点以跨媒介叙事中的视听产品为主进行分析，具体媒介产品包括如下。

（1）广告

耐克系列广告：从早期之路的"Hyperdunk"到"黑曼巴"，广告通过叙述和视觉符号塑造了科比的"黑曼巴"形象，展示了他的竞技精神、冷酷和决心。

（2）全球赛事转播与数字媒体

NBA 全球赛事转播：通过 NBC（美国全国广播公司）、ESPN 等全球电视网络的转播，科比的媒介形象被迅速传播。

（3）社交媒体平台

Instagram 和 Twitter 上，科比通过直接与粉丝互动，展示了他在场外的个人生活、思想和哲学，拓展了他的形象维度。

（4）纪录片、动画片专题栏目等

纪录片《科比工作进行时》（又名《巨星科比的一天》）是由黑人导演斯派克·李于 2009 年执导拍摄的一部纪录片。科比允许斯派克·李导演使用 30 台摄像机对 NBA2007—2008 赛季 2008 年 4 月 13 日湖人队对阵圣安东尼奥马刺队的一场比赛进行限期一天的全程拍摄。

纪录片《科比的缪斯》（也称《缪斯》）：展示科比的伤病恢复过程和内心挣扎，揭示了"黑曼巴"形象背后的人性化一面。

动画短片《亲爱的篮球》（见图 6-6）：这部获奖作品通过动画和诗意叙述

表达了科比与篮球之间的情感,向全球观众展示了他对篮球的热爱和告别。

图6-6　动画短片《亲爱的篮球》

《细节》:科比·布莱恩特与ESPN合作的篮球分析节目《细节》第一季在2018年4月首播。科比以退役球员身份,采用实时分析比赛录像的方式,像球员时期一样边看边点评。他不会预先设计内容,而是通过即时观察指出球员的不足,以及对手带来的挑战,帮助球员和球迷提升对篮球战术的理解。

2. 媒介要素的结构化分析

基于第一步的媒介要素识别,对这些产品进行重构分析,识别出科比形象的核心价值观和跨媒介的形象特征。

(1) 天才少年与未来之星

科比·布莱恩特在1996年以高中生身份直接进入NBA,初披紫金8号战袍的他,就像初升的太阳般充满无限可能。在那个年代,科比以惊人的速度和活力迅速崭露头角,每次突破都如闪电划破夜空,每次投篮都精准无比,仿佛能看穿篮筐的每一个细微缝隙。

这一阶段通过耐克广告和赛事转播中的视觉呈现和叙事风格,凸显科比的年轻化、个性化和强大的运动天赋,为全球市场的年轻观众树立了一个偶像形象。例如,耐克的早期的"Hyperdunk"系列广告,强调科比的突破能力;通过NBA全球化的赛事版权体系,科比的形象也得到了广泛传播。

(2) "黑曼巴"精神

这一阶段的科比在湖人队效力了20个赛季,帮助球队赢得了五次NBA

总冠军（2000、2001、2002、2009、2010），并两次获得总决赛MVP（最有价值球员奖）。科比·布莱恩特的媒介形象从天赋异禀的年轻球员，逐渐蜕变为球场上如"黑曼巴"般精准冷酷的"终极杀手"。这一转变标志着其形象进入全新阶段——"黑曼巴"。这不仅是科比定义的篮球哲学，还是对永不言败精神的具象化诠释，象征着在竞技对抗中始终秉承致命专注与坚韧意志的生存法则。

这一阶段，耐克通过一系列具有视觉冲击力的广告来塑造和推广"黑曼巴"的形象。"81分精神""黑曼巴之路"系列的成功，放大了科比在球场上的冷酷与无畏，强调他对胜利的执着、面对困难时的顽强，以及在逆境中不屈不挠的斗志。《81分精神》广告画面中重点展现科比夺得81分的奇迹表现，试图告诉大家81分背后是巨大精神力量的支撑，而科比正是拥有这样精神力量的人。科比从肉体凡胎的普通运动员成长为创造奇迹的精神领袖，成为万众敬仰的英雄。2006年湖人队在主场对阵猛龙的比赛结束后，有人问起科比用什么动物来形容自己，科比坚决地回答"the Black Mamba（黑曼巴）"。《黑曼巴》这则广告中，科比说"英雄是一时的，传奇才是一世的"。

（3）全球跨文化偶像

2010年至2016年，科比的品牌形象通过多种营销产品形态得到了更加丰富的塑造。这一阶段涉及的品牌形象包括纪录片、电视节目、社交媒体内容、广告等，它们各自发挥了独特的作用，诠释了从篮球英雄到全球文化大使的形象转变过程。

纪录片《科比的缪斯》通过蒙太奇的手法穿插再现了科比的篮球之路与养伤期间的心路历程。作品没有将他塑造为冷酷的"黑曼巴"、一个英雄，而是会愤怒、倔强、孤傲及脆弱的立体的人。

与此同时，社交媒体成为塑造科比全球形象的重要渠道。通过Instagram和当时的Twitter，科比直接与全球粉丝互动，分享篮球之外的个人成长和家庭生活。这些互动让他从一个运动员逐渐转型为导师和榜样，特别是在年轻一代中，他成为努力与坚韧的象征。

（4）永恒的传奇

这个时期标志着科比从一名篮球运动员完全转型为全球文化符号，跨越了体育领域的边界。

2017 年，根据科比·布莱恩特献给篮球运动的告白诗歌信改编的动画短片《亲爱的篮球》，获得第 90 届奥斯卡金像奖最佳动画短片奖[①]。这不仅展示了他在体育之外的创作能力，也进一步巩固了他作为文化偶像的地位。这部短片通过动画和科比亲自撰写的诗意旁白触动了全球观众的情感，他对篮球的深情告别跃然呈现。通过这一媒介产品，科比的形象从球场上的竞技者拓展为具备创造力、情感丰富的艺术家，成功吸引了更多非体育领域的受众。

在《亲爱的篮球》之后，2018 年科比又与美国知名体育媒体 ESPN 合作，推出了一档专题分析类电视系列节目《细节》，深入分析 NBA 比赛中的细节和策略。该节目展示的不仅仅是科比的篮球智商和分析能力，还塑造了一位致力于培养年轻人的导师形象。

3. 语境化分析

（1）价值观

科比从初入联盟的"奋斗与追梦"到黑曼巴时期的"坚韧不拔与永不言弃"，再到退役后的"友善、博爱"，这三个阶段的延伸价值观在时间维度上连贯一致，深层次上形成了统一的精神内核，即"坚韧不拔、永不放弃"。科比的价值观也清晰地表现出了成长性，从个体导向的自我实现转向集体导向的社会贡献。

（2）社会情境

① 全球化进程与 NBA 的国际化扩展

20 世纪 90 年代是全球化快速发展时期，信息传播技术的进步推动了全球文化的融合与交流。与此同时，NBA 也在这一时期积极推动国际化发展，通

---

① 亲爱的篮球［EB/OL］.［2024-11-26］. https://baike.baidu.com/item/亲爱的篮球/22241386?fr=ge_ala.

过电视转播和赞助推广，将篮球运动推入全球市场。在迈克尔·乔丹退役后，NBA 急需新的领军人物来继续推动项目的国际化和商业化。科比以全面的技术能力、关键时刻的得分表现及卓越的领导能力，成为这一市场空缺的最佳战绩人选。幸运的是，科比的职业生涯几乎与 NBA 的全球化扩展重合，成为数字化时代的全球偶像。

② 体育产业的崛起与品牌化相兼容

20 世纪末至 21 世纪初，体育产业迅速发展，商业化成为体育明星训练的重要因素。品牌赞助、广告代言、个人形象包装等策略被广泛运用到运动员的推广中。作为一名年轻天才运动员，科比在进入联盟后迅速就成为各大品牌竞争的签约对象。耐克为科比定制的"黑曼巴"形象，充分结合了他的职业特点和个人风格，真正开启了科比品牌化运作的成功阶段，帮助科比超越篮球，成为体育精神的象征和全球偶像。

需要指出的是，科比与阿迪达斯的早期合作并未完全成功，阿迪达斯的市场策略未能充分挖掘科比的个人特质。这也是科比后来转投耐克的重要原因。

③ 美国文化背景与英雄主义叙事

美国文化中对英雄主义的崇拜，尤其是在体育领域，极大地推动了运动员形象的塑造。科比的职业生涯非常符合这一文化模式，特别是他经历了性侵犯指控风波后的复出过程，符合美国文化中对"赎罪与复兴"的文化期待。同样，科比的"黑曼巴"具有一种"反英雄"特质：冷酷、信念、以结果为导向。这种形象在后现代文化背景下与受众偏爱"复杂"而不是"完美"的英雄形象相契合。科比的"黑曼巴"形象顺应这一趋势，成为吸引不同年龄层和文化背景观众的重要原因。

（3）技术背景

科比在一个更加多元的媒体环境中建构了自身的媒介形象。除了依靠传统媒体和电视转播，还通过社交媒体（如 Twitter、Instagram）与全球粉丝直接互动。这种互动模式让科比的个人形象更加立体和亲民。

赛事转播技术成熟。20世纪70年代初期，由美国的全国篮球协会组织的职业联赛还是一个负债累累、几近倒闭的体育组织。后来在大卫·斯坦恩的大力推动下，从80年代开始，NBA各队中电视转播权费收入已占其总收入的30%—50%。到了20世纪90年代科比加盟NBA时，电视转播技术和赛事版权更具商业价值，NBA通过全球电视转播及与国际品牌的合作，推动了篮球运动在全球的普及。尤其是在中国等新兴市场，科比与NBA的品牌策略紧密结合，成为篮球推广的关键人物，为科比全球形象的塑造提供了坚实的技术支撑。

社交媒体崛起。社交媒体让运动员与粉丝之间的互动方式发生了革命性的变化。科比很早就意识到了这一点，他积极利用Twitter、Instagram等平台与粉丝互动，分享自己的训练、生活和思想，展现出了亲民的形象。

上述分析仅围绕科比的视听文本，实际上他还涉足出版、教育与商业等，这些都为他的媒介形象注入了不同的内涵与特质。科比的离去令人惋惜。他用多维度的叙述构建了一个超越赛场的传奇形象。他的精神与故事依然是全球观众心中的榜样，也是跨媒介叙事的永恒符号。

第七章　舆情管理及应对策略

"舆情"是指社会公众对某些事件、人物或现象的集体态度和情绪表达，主要通过媒体、社交媒体等渠道被大众承载和传播。随着数字化时代的发展，社交媒体和即时通信工具的出现与传播使舆情信息的传播速度和范围大幅度提升，公众的舆情和情绪得以迅速汇聚并公开讨论，形成了一股强大的社会力量。在此背景下，舆情已经从较大规模的网络讨论转化为一种具有高度影响力的社会现象，对事件及人物的评价和传播呈现显著的放大效应。

"体育舆情"是指围绕体育赛事、体育人物、体育组织及相关事件，在社会公众中形成的集体情绪和态度表达。这种舆情主要通过传统媒体、社交媒体、网络论坛等多种渠道传播，反映了公众对体育现象、运动表现、比赛结果、体育政策等方面的关注、评价和讨论。随着社交媒体和新兴传播技术的发展，体育舆情的形成和传播速度显著提升，成为体育领域需高度关注的社会现象。

依托舆情大数据系统抓取的数据，按照体育舆情事件的内容，可以将体育舆情分为体育赛事舆情、体育旅游舆情、体育明星舆情、体育教育培训舆情、体育外交舆情、国际体育舆情等[①]。本章节重点阐述的是体育明星舆情，即与运动员个人相关的舆情。

[①] 谢振华，薛文婷．社交媒体时代体育网络舆情的传播特征及治理路径［J］．新闻爱好者，2022（2）：85-87．

第一节　体育舆情的主要特征及常见类型

一、体育舆情的主要特征

（一）体育舆情影响力大、传播面广

体育活动因其与政治、经济的紧密联系，以及广泛的社会参与度，使得体育危机事件一旦爆发，便会迅速占领舆论高地，其影响之广泛、持续时间之长，往往超越其他领域的危机。以1972年的慕尼黑奥运会悲剧[①]和1998年的盐湖城冬奥会申办舞弊案为例，这两起事件不仅在全球范围内引起了剧烈反响，还严重侵蚀了体育赛事的公正性和纯洁性，加剧了国际关系的紧张，无疑是对体育界信誉的一次重创。

1988年汉城奥运会上，本·约翰逊被爆出违禁使用兴奋剂，成为奥运历史上最大的兴奋剂丑闻。1991年禁赛期满复出后，1993年本·约翰逊再次被查出服用兴奋剂，国际田联做出终身禁赛的决定，本·约翰逊就此退役。俄罗斯禁药事件的曝光，导致该国面临国际体育赛事的集体禁赛，进一步凸显了反兴奋剂斗争的严峻性。

在种族平等问题上，NBA快船队前老板唐纳德·斯特林的种族歧视言论，不仅让他遭受了终身禁赛的处罚，也引发了体育界对种族平等原则的深刻反思。而泰格·伍兹的私生活丑闻，则揭示了运动员个人形象与赞助商关系之间的微妙平衡。

体育舆情的危害性，会让运动员产生职业倦怠、焦虑，甚至缩短职业生涯，浪费巨额培养资源，削弱国家体育竞争力，同时也会破坏体育赛事的公正性，甚至影响国际关系和城市形象。尤其运动员道德失范行为，不仅侵蚀了体

[①] 慕尼黑惨案［EB/OL］.［2024-11-26］. https://baike.baidu.com/item/慕尼黑惨案/52879?fr=ge_ala.

育精神的根基,还会被外界视为国家文化和道德风貌的反映,一旦被国际媒体误读,会直接损害国家的全球声誉与文化形象。

(二)运动员的舆情事件是网络热点

随着体育商业化的不断推进,体育明星逐渐成为媒体追逐的焦点,他们的负面新闻迅速成为各大媒体报道的"宠儿",各类危机事件层出不穷。

社交媒体的舆论环境呈现出一种复杂而微妙的状态,多倾向于情感宣泄而非事实呈现,舆论意见易呈现极化的特点。研究表明,社交媒体上的舆论论点往往以螺旋式的方式推进,受众的立场易于变动,论点紧随社会热点而动。此外,社交媒体的传播特性,如圈层传播、熟人传播和强关系链接等,使负面情绪极易成为事件传播的背景,从而加剧舆论环境的复杂性和不确定性。这种舆论环境的特点既反映了社会心态的波动,也揭示了信息传播过程和舆情变化的复杂性。

(三)运动员个人舆情易向组织危机转化

由于体育竞赛和运动员有极高的受关注度,因此在传播的过程中,个人的一般危机有可能向公共危机转化,引发更大范围和更高层面的危机。运动员如不能很好地处理危机事件,将为个人和团队甚至国家声誉带来极大的负面影响。[1]

二、体育舆情事件的主要类型及解析

运动员舆情事件可分为自身主体风险和周边衍生风险两大常见类别。

(一)自身主体风险常见类别

自身主体风险集中体现在运动员个人层面。

首先,作为公众人物,运动员场内场外的一举一动都暴露在聚光灯下,

---

[1] 张疆之,王诗涵,刘畅.传播学视角下体育危机特点及管理策略[J].山东体育科技,2014,36(2):35-38.

任何私德不端的行为都可能迅速成为舆论关注和热议的焦点，引发社会的广泛讨论，造成巨大的舆论压力。

其次，声名不符风险也是运动员中发生概率较高的一类风险。当运动员声名与其真实能力及赛场表现不匹配，或状态持续低迷、表现难以达到公众预期时，很容易引发集中质疑，还会被冠以"高薪低能""水货"等负面标签，通常对运动员个人形象造成严重影响。

案例1：桑切斯未达曼联预期遭遇质疑

桑切斯2018年从阿森纳转会至曼联，然而在曼联的表现并未达到预期，被贴上了"水货"的标签。桑切斯在曼联的进球效率极低。在加盟曼联后的23场比赛中，他仅打入3球；他在曼联的进攻端贡献几乎为零，尽管他的周薪高达50万英镑。他在租借至国际米兰期间也未能展现出足够的实力，饱受伤病困扰，并未能为球队带来预期的帮助。

再次，受运动员的运动生涯周期性及身体健康状况的不确定性影响，运动员很难避免遭遇伤病及成绩波动风险。此类情况一旦发生，将对运动员的个人形象和职业生涯发展造成较大影响，部分运动员甚至因此退役。

最后，不当言论风险也是运动员自身主体风险的高发区之一。作为公众人物，运动员通常会接受公开采访或通过个人自媒体平台发布信息、动态，一旦发布不当言论，不仅影响个人形象，还可能对团队和国家形象、社会道德和公共秩序及商业价值造成不良影响。

（二）周边衍生风险常见类别

周边衍生风险往往与运动员的外部环境紧密相关，通常表现为经纪人风险、群体性违法违纪风险、产品代言风险、合约违约风险等。其中，群体性违法违纪风险最为严重；产品代言风险涉及产品质量与运动员形象的绑定，一旦产品出现问题，运动员声誉必将受损；合约违约风险常因合同条款模糊不清或执行不力而引发纠纷。

经纪人风险是当前运动员体系当中常见的一类风险，体育经纪人作为连接运动员、俱乐部、赞助商和市场的桥梁，其专业能力和服务质量直接影响体育产业的健康发展。但目前大多数运动员的体育经纪人往往由家人、朋友担任，并不具备完备的专业能力，无法帮助运动员合理制订形象规划、平衡好专业与商业之间的关系，最终导致运动员陷入两难境地。

群体性违法违纪风险通常指在某一特定体育项目当中，并非涉及个别运动员及管理人员，而是普遍存在于行业当中，涉及金额较大、时间跨度长、影响面大、社会影响严重、公众反响强烈，类似活动对于行业发展的影响是长期性的。此种风险最终多以诉诸法律的形式解决，但其对行业和社会造成的伤害是深远的。

运动员向来是各大厂商竞相追逐的优质代言人。然而，商业代言中暗藏的风险不容小觑。一旦运动员在代言产品时疏于审慎，或代言的品牌出现质量问题、虚假宣传等负面事件，很可能遭遇来自广告商的"背刺"。此时，运动员不仅要面对公众的严厉谴责，甚至因此承担法律责任，个人形象和职业生涯遭受重创。

合约违约风险在运动员圈层中属于高发风险。运动员在签订各类商业活动合约之前，必须全面、深入地了解和掌握合约的每一项内容，包括但不限于合作期限、权利义务、违约责任等关键条款。如因某些因素无法履行合约，运动员将面临轻则罚款，重则影响个人形象、职业生涯的严重处罚。因此，运动员在签订商业合约时，务必保持高度的谨慎和理性，确保自己能够全面履行合约义务，避免不必要的法律风险和职业损失。

案例2：梅西赴港表演赛未登场

2024年2月4日，梅西作为迈阿密国际足球俱乐部的一员，赴香港参加与中国香港男子足球代表队的友谊赛。在双方合约中约定，球队头牌球星梅西的登场时间不得低于45分钟。然而，在万众瞩目、万众期待之下，梅西并未登场，引发了球迷的广泛不满。

为了平息公众的愤怒和不满，主办方Tatler决定向球迷退款一半。这一举措在一定程度上缓解了球迷的抵触情绪。但梅西与俱乐部的不诚恳回应仍未被大众认可，且对方均未采取更进一步、有诚意的措施进行补救，使得中国公众对于俱乐部及球员的个人观感大幅度下降，严重影响了其在华市场的开拓。

（三）体育舆情的新形态

近年，体育赛道的泛娱乐化、饭圈化风险愈发显现，且广泛发生于高关注度的体育项目、运动员当中，客观上增加了体育舆情的复杂性。此类风险虽非运动员的主观意愿，但对运动员的训练、竞技、生活等形成了严重干扰。同时，泛娱乐化和饭圈化现象在一定程度上歪曲了体育的社会价值，占用了宝贵的社会资源，国家相关部门对此高度重视，已启动整治工作。

案例3：国家体育总局：坚决抵制畸形"饭圈文化"

针对体育饭圈乱象，公安机关网安部门高度重视，持续会同有关部门依法严厉打击相关领域违法犯罪行为。巴黎奥运会期间，网安部门密切关注涉及巴黎奥运会的相关动态，切实加强有针对性的工作措施。2024年8月15日，公安部公布4起打击整治涉及体育领域饭圈违法犯罪典型案例。

国家体育总局表示，将坚决抵制畸形"饭圈文化"，坚持将其融入运动员选拔、培养、输送、安置的全过程，融入体育赛事活动组织、服务、监管的全过程，并在思想教育、宣传引导、风险防控等多个方面采取有力有效举措，推动形成多部门协同配合、全系统聚焦发力的共治格局。[1]

---

[1] 国家体育总局：坚决抵制畸形"饭圈文化"［EB/OL］.（2024-08-29）［2024-11-23］. http://ent.people.com.cn/n1/2024/0829/c1012-40308463.html.

三、当前运动体育舆情风险呈现"缺、变、难"三大特点

(一)"缺乏"风险意识,凸显了强化舆情处理能力的急迫性

目前,大部分运动员及其团队缺乏对于潜在的舆情风险的认识和准备,在赛场内外没能管好自己的言行,导致祸从口出。同时,这些运动员及其团队在一战成名之后,就会站在聚光灯下接受大众的询问,但因缺乏应对经验,容易自乱阵脚。而且他们往往并未建立起完善的舆情监测和应对机制,缺乏系统专业的舆情处置服务团队的专业指导。

前置基础设施的不完善,使得他们在遭遇舆情危机时的反应越发迟钝。而这种迟钝往往被公众理解为"不作为、乱作为",进一步加剧舆情恶化。因此,提升运动员及其团队的舆情处置能力,增强他们的风险意识,成为一项紧迫的任务。

(二)信息交互复杂"多变",加剧了舆情风险危害的严重性

当前,舆情事件的发展呈现出极为复杂且多变的特点。在信息快速流通的网络环境中,一条消息往往在极短的时间内就能被广泛传播,而在这个过程中,信息很可能会经过多次加工、解读乃至刻意扭曲,导致其原本的含义和方向发生偏移。这种偏移不仅可能误导公众,还可能加剧事态的严重性,使得原本简单的事件变得错综复杂。

尤为值得注意的是,经过多次加工的信息,即便当事人及时出面主动澄清事实,试图纠正信息的错误传播,也往往收效甚微。这是因为在信息爆炸的时代,公众的注意力极易被新的热点所吸引,而旧有的澄清信息往往难以获得足够的关注和传播力度。此外,部分公众对于澄清信息的信任度不高,也可能导致澄清效果不佳。

(三)跨圈、跨界、跨国信息充斥,彰显舆情风险应对的复杂性

在信息全球化的背景下,运动员面临的舆情风险不局限于个人,不局限

于项目或者体育圈。跨圈、跨界、跨国的信息充斥，使得舆情环境变得异常复杂。运动全球化和信息传播的全球化，使得运动员可能同时面临来自不同文化、不同地域、不同人群、不同意识形态的舆论压力。

这种多元化的信息环境对运动员及其团队的舆情应对能力提出了更高的要求。对此，运动员和团队需要拓宽视野，增强跨文化沟通能力，以之为基础建立起全球化的舆情监测和应对体系。同时，团队还需要与各类媒体、公众和利益相关者保持良好的沟通与合作，共同营造一个健康、积极的舆情环境。

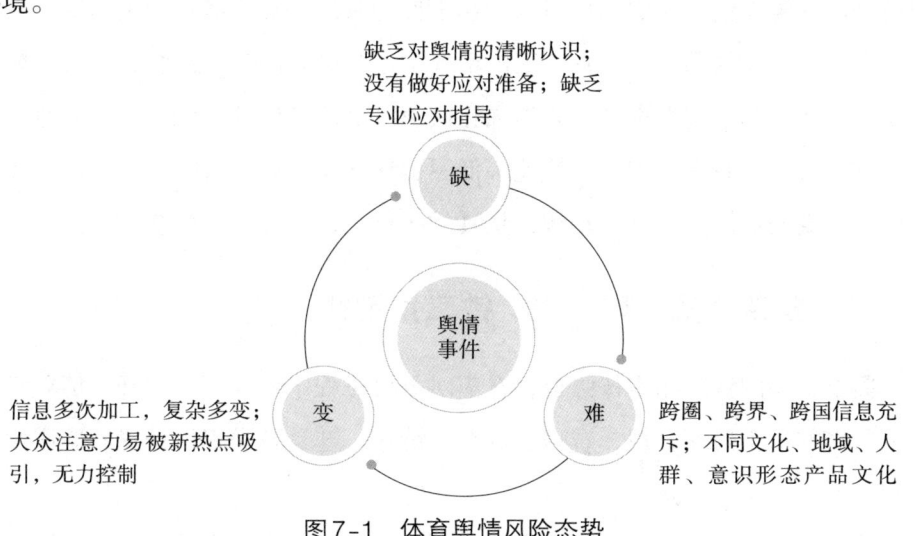

图7-1 体育舆情风险态势

第二节 舆情应对策略

面对快速迭代发展的信息传播技术、日益复杂化的舆论环境和国内外形势、急需提升的风险意识及舆情应对能力短板，运动员对于舆情危害的认知、变化和研判欠缺专业、系统的学习和了解，尚处于一个被动应对的初级阶段，在遭遇舆情危机的时候，很难有效掌握应对舆情的主动权。

一、掌握危机管理 4R 理论，快速构建独立体育舆情事件的处置闭环

美国危机管理专家罗伯特·希斯在《危机管理》一书中提出危机管理 4R 理论，即一个舆情事件通常由缩减力（Reduction）、预备力（Readiness）、反应力（Response）、恢复力（Recovery）组成。①

根据这一理论，处置舆情事件时，关键要抓好四步：首先，尽可能降低舆情爆发的可能性，减少其攻击力和伤害性；其次，对于潜在的舆情要提前预判，做好重大舆情预案，并在可能的情况下进行必要的应对演练，不打无准备之仗；再次，对于突发舆情，必须强化快速准确的响应处置能力，综合考虑相关各方利益，及时有效沟通，快速降低舆情热度；最后，及时复盘、总结经验教训，并规划具体舆情修复动作，认真付诸行动，尽力挽回公众信任。

二、坚持"法、理、情"铁三角定律

舆情管理的铁三角定律强调，在应对危机过程中要从"法、理、情"三个维度平衡推进，确保合规、合理且具有人情味，这是各类舆情处置的通用优先原则。

第一，法（法律）为先。舆情管理原则是依法办事。在处理任何舆情事件时，法律是不可逾越的红线，任何舆情措施都必须符合国家法律法规的要求。

第二，理（道理）为重。在法律基础上，舆情事件需要强调理，即逻辑性和合理性。理性不仅有助于阐明事实真相，还能帮助公众理解事件背后的复杂性与关键因素。运动员需要具备全局视角和外部视角，对事件的本质和诱因进行深入剖析，从而做出符合逻辑的解释。

第三，情（情感）为纽带。情是舆情管理中的重要一环，也是与公众建立情感联系的关键。处理舆情时，除了法律合规和逻辑合理，还需要关注公众的

---

① 希斯.危机管理［M］.王成，宋炳辉，金瑛，译.北京：中信出版社，2004.

情感诉求。情感真诚能够缓解公众的不满情绪，因此代言人和品牌在回应时需展现真诚、同理心，并主动承担责任，修复关系。

三、坚持"三大认知"，构建长效舆情事件应对能力

（一）舆情事件是客观存在，维护运动员个人形象和商业价值是安全底线

舆情事件的发生就像自然界的天气变化，几乎每个知名的运动员都会遭遇。对于运动员而言，其形象不仅关乎个体荣誉，还会直接影响到代言品牌、赞助商和粉丝经济等多个利益相关方。在中国，运动员所处的环境与欧美等国显著不同，举国体制带来的特殊背景对运动员名誉的要求更为严格。一旦涉及舆情事件，管理者需要综合考虑国家利益、社会责任和运动员个人权益之间的平衡。

（二）舆情管理是团队必备角色，专人专岗和专业服务是未来趋势

运动员的声誉管理是非常关键的工作，需要有专业团队成员长期负责，其价值不低于团队中的经纪人、法律顾问及私人助理等角色。而当前，大多数运动员和团队中并没有此类专业人员，该角色通常由运动员自己或团队其他成员兼任，尽管劳心劳力，但效果和效率不高，甚至会延误或导致舆情扩大。

国外体育明星的舆情管理团队涉及多岗位协作，涵盖公关、媒体、法律、品牌和心理支持等方面。这种多层次、专业化的人员配置，有助于在舆情危机中迅速做出反应，并维护运动员的正面公众形象。

（三）坚持舆情管理平常心，逐步建立全链路常态化应对机制是重心

对于任何主体而言，保持长期正常运转本身不是一件简单的事情。即使再完善的舆情应对机制，也很难杜绝异常情况的发生。鉴于当前舆情事件的复

杂性、公开性及舆情爆发的不确定性，运动员和团队需要逐步构建一套适合自己的、全面高效的舆情管理体系，其类似于摩天大厦中的消防系统。在大厦运转正常的情况下，消防系统并不显眼，也不会启用。但当大厦遭遇突发火情或触发烟感系统报警时，消防系统就将迅速反应，启动各种应急措施，最大限度地保障大厦的人员及资产安全。

四、七大模块全链路舆情管理体系

目前，大多数运动员或团队在巨大压力面前选择了回避或沉默，没有积极主动地沟通，解决问题，这种消极举措往往不仅不能"灭火"，反而会带来更多质疑，造成的危害和影响也长期无法消除。尤其是严重缺乏前期预警及后期修复等关键环节，没有对舆情事件进行全流程闭环管理。

当前时代背景下，运动员舆情防控应根据现有情况，在4R理论基础上进一步完善，形成七大模块全链路舆情管理体系，以便更好应对当前舆情。相较于4R理论，七大模块全链路舆情管理体系增加了前端的信息采集功能，针对全网各平台的各类信息，进行实时自动化采集、分类、分析、预警，建立了舆情防控的"雷达站"。

同时，该体系还增加了专属的能力培训板块，为缺少专业能力和知识的运动员及其团队量身打造专业舆情处置知识模块，提供了长期系统学习和培训，从根本上提升了运动员及其团队应对舆情事件的能力和底气，就像运动员平时的体能训练一样，需要常态化、定时定量定目标地推进和完成。

模块①"雷达站"为舆情管理提供了有效线索，帮助团队及时发现舆情；模块②"智囊库"为舆情事件提供专业的评估研判，确定应对方向；模块③"特战队"对事件进行实效处置，强化对外内容输出，正面应对，消弭影响；模块④"教练团"对于舆情事件进行复盘，总结经验和教训；模块⑤"行动派"旨在通过主动方式，制订舆情处理方案，降低影响；模块⑥"强化班"针对薄弱之处进行专项培训，以训代练，专项强化应对能力；模块⑦"工程队"切实强化舆情团队建设，构建长效管理体系。只有实现舆情管理的全链路覆盖，运动员才可以真正做到防患于未然，处变不惊，从容应对。

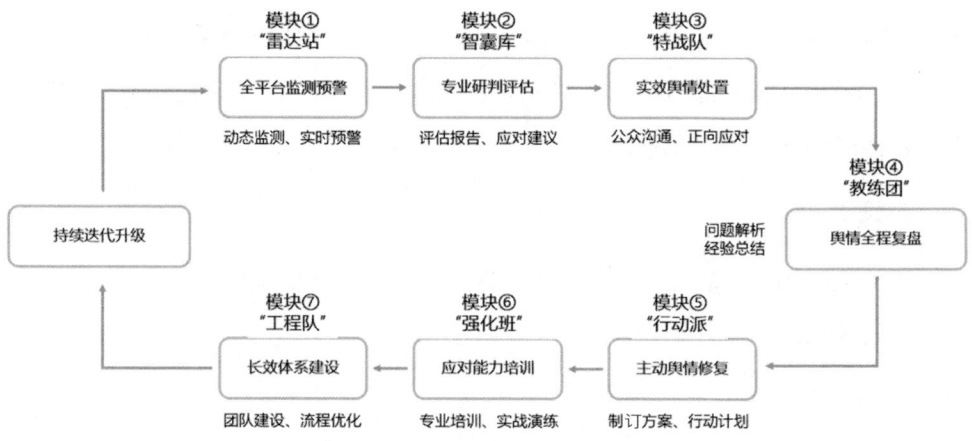

图7-2 运动员舆情管理七大模块全链路舆情管理体系

五、危机流程处理阶段划分

一体化全流程防控体系应涉及前期预防、中期建设、后期修复等三个阶段。其中，前期预防阶段又可细分为预防、预警和预判阶段；中期需建设完善的舆情管理体系；后期修复则为复盘和修复等内容。

（一）前期预防阶段

1. 预防

预防指做好舆情危机的预防工作。除了一体化全流程体系和三个基础保障，一个完善的舆情管理团队、一套常态化的舆情场景培训，以及一个应对公共舆情的铁三角定律，是运动员及运动团体在舆情应对中不可或缺的要素。

一个专业的舆情管理团队是确保舆情应对工作高效进行的关键。团队需要会聚包括但不限于舆情分析师、公关专家、法律顾问等多方面的专业人才。

他们应具备敏锐的舆情嗅觉、丰富的应对经验和出色的沟通协调能力，能够在舆情危机爆发时迅速做出反应，制订并执行有效的应对策略。

与此同时，常态化的舆情场景培训也至关重要。通过定期模拟舆情危机场景，对运动员及运动团体进行实战演练，可以帮助他们熟悉舆情应对的流程和技巧，提高在真实危机中的应对能力。这种培训不仅能够增强团队的危机意识，还能确保在关键时刻做出正确、迅速的决策。

2. 预警

建立 24 小时舆情危机预警监测机制，便于在舆情事件发生初期及时发现，实时掌控舆情事件动态。

3. 预判

根据预防策略及预警情况，对舆情事件后续走势进行预判，做到有的放矢，实现应对资源的有效投放。

（二）中期建设阶段

通过培训强化自身应对能力建设，包括来之能战的应对能力、多向有效沟通的内容基础、畅通的舆论发布通路基础，建立健全舆情保障体系。

一个健全的一体化全流程体系是应对舆情变化的核心。这一体系需要涵盖舆情的全方位监控、及时发现、快速响应和有效制止等环节。通过利用先进的技术手段，如大数据分析、云计算等，实现对网络舆情的实时跟踪和深度挖掘。这样，一旦有不利于运动员或运动团体的舆情出现，相关团队便能第一时间获悉并作出反应，将负面影响降到最低。

技术基础是舆情应对的根基。在大数据时代，数据的收集、分析和处理能力尤为关键。运动员及运动团体应建立起以大数据为基础的技术支持系统，通过对海量数据的挖掘和分析精准把握公众情绪、预测舆情走势，从而为决策提供科学依据。

内容基础不可忽视。应对舆情时，明确、及时、恰当的信息发布至关重要。运动员及运动团体应制订详尽的内容策略，包括信息发布的内容、时机、渠道等，以确保在舆情发生时能够迅速、准确地传递正面信息，引导公众舆论。

议程设置是"最后一公里"。一是要发挥主流媒介在意识形态方面的价值引导作用，遏制体育文化传播的低俗化、过度娱乐化及网络话语极端化倾向。二是要使用社会化媒体，特别是KOL（关键意见领袖）。KOL在社交媒体上具有较大影响力，有助于在舆情危机中稳定公众情绪，引导舆论走向。

面对舆情应对环境的变化，运动员及运动团体需从一体化全流程体系和三个基础保障（技术基础、内容基础、通路基础）入手，全面提升自身的舆情应对能力，只有这样才能在复杂多变的舆情环境中立于不败之地。

（三）后期修复阶段

1. 复盘

对整个舆情事件进行全面而深入的复盘，对事件起因、发展轨迹、影响范围及后果进行细致梳理，同时对事件处理过程中的反应速度、沟通策略、资源调配等方面进行客观评估。从过往经验中吸取教训、优化应对策略，进而制订更加科学、高效的舆情管理预案，避免未来重蹈覆辙。

2. 修复

后期，为有效修复舆情危机所带来的负面影响，需采取一系列积极且具有针对性的措施。其中，参与公益活动可以提升和修复运动员在公众心中的媒介形象，逐步消除因舆情危机而产生的负面印象。此外，寻求官方背书，通过与政府部门或权威机构的合作，获得其正式认可与支持，可以显著提升组织的公信力，为舆情危机的化解提供有力支撑。

第三节 展望：人工智能时代舆情防控措施的AI化应用

一、建立健全的舆情管理体系

（一）设立专门的舆情管理团队

设立专门的舆情管理团队，实时监控网络舆情，及时发现并应对可能出现的危机。通过定期召开会议，团队可以共同分析舆情动态，制订有效的应对策略。

（二）建立信息收集和分析机制

利用先进的AI技术进行舆情监测和分析，通过实时抓取网络信息，借助自然语言处理和机器学习算法对数据进行深度挖掘和分析，从而更准确地掌握公众的情绪和态度。AI可以通过深度学习算法分析历史舆情数据，预测未来可能出现的危机类型和影响范围。基于预测结果，团队可以提前制订有针对性的应急预案，准备好标准化的回应模板。一旦舆情危机爆发，AI系统可快速调用预案，协助团队第一时间发表声明，平息公众情绪，减少负面影响。

二、加强运动员形象塑造和管理

（一）通过AI技术和视频化传播建立积极阳光的形象

AI可以参与内容的创作与优化过程，通过生成式AI工具，如文心一言、讯飞星火等大模型，快速制作宣传文案、社交媒体帖文和赛后短视频等，提升内容生产效率，确保传播效果。

（二）提供媒体培训和公关技巧

在舆情事件结束后，AI可以协助团队进行复盘分析，对整个应对过程进行评估，找出不足之处，并提出改进建议。结合舆情出现的问题，AI可以制订学习计划，帮助运动员了解基本的公关策略和程序，提高媒介素养。

（三）构建 AI 虚拟数字人

虚拟形象与数字人（Digital Human）的应用正在成为运动员形象管理的新趋势。通过 AI 和虚拟现实技术，可以为运动员打造虚拟化形象，运动员可以以"数字分身"的形式参与到更多的宣传中。虚拟人还拥有多种形象变身功能，能够根据需求变换不同的外观，以适应各种场合的需求。同时，它还支持多语种语言服务，极大地丰富了舆情应对的手段和方式。

后记　回归本心，成就永恒

在现代社会中，媒介已经成为人与人之间沟通的桥梁，也是构建运动员公众形象的重要载体。本书详细探讨了运动员媒介形象塑造的关键原则与策略，从核心价值的挖掘到个性化故事的叙述，再到通过媒介场景的精心设计，构建出一个鲜活而充满生命力的形象。

随着人工智能和虚拟现实等技术的进步，运动员形象塑造将变得更加多元和智能化。运动员和团队只有具备动态调整的能力，时刻关注受众需求与媒体趋势的变化，灵活调整形象管理策略，才能在日新月异的媒介环境中持续占据主动。

运动员媒介形象的塑造并非短期任务，而是一项长期工程，其最终目标应是实现个人品牌的长效影响和社会价值的最大化。优秀的运动员形象不仅能为其职业生涯带来更多机会，还能成为社会文化中的正面榜样，激励一代又一代青少年。

然而，在所有策略与技巧背后，我们始终坚信，形象的建构是关于人性的呈现与情感的共鸣，是训练场上挥汗如雨、默默咬牙的坚持，是失败后转身时的那一抹倔强，是采访中哽咽时压抑不住的委屈，是赛场上国旗映衬下泪流满面的脸。公众所热爱和支持的不是完美无瑕的偶像，而是那些让人感同身受、心生敬意的瞬间汇聚而成的光芒。

我们想对每一位了不起的运动员说：感谢你们的付出与坚持。愿你们在未来的日子里，依旧能够以一颗赤诚的心面对舆论的风浪，讲好每一个真实的故事。愿这本书能成为你们手中的一盏灯，照亮前行的路，让我们一起期待更多动人的高光时刻，因为那些来自真实的光芒，永远不会褪色。

2025 年 1 月